EUROPA

ASIEN

AFRIKA

KITCHEN IMPOSSIBLE

TIM MÄLZER

VOX

mosaik

2. Auflage
© 2022 **Wilhelm Goldmann Verlag**, München,
in der **Penguin Random House Verlagsgruppe GmbH**,
Neumarkter Str. 28, 81673 München
Idee: Sven Steffensmeier
Autor: Tim Mälzer
Projektleitung: Marcel Stut
Rezepttexte: Marcel Stut, Anne Haupt, Marion Heidegger
Texte: Johan Dehoust
Konzept: Johan Dehoust, Anja Laukemper, Marcel Stut
Redaktion: Cornelia Hanke, Kekema Iyinboh
Kreativ Direktion & Gestaltung: Anja Laukemper (anjalaukemper.de)
Foodstyling: Marcel Stut, Anne Haupt
Requisite: Katrin Heinatz (katrinheinatz.de)
Fotos: Reinhard Hunger (reinhard-hunger.de) Seiten 29, 31, 36, 46, 48, 59,
62, 64, 65, 86, 90, 100, 114, 121, 124, 148, 150, 152, 158, 171 Frank Meyer
(jumpallintheair.de) Seiten 72, 73, 121 Alexander Maus (Alexmaus.com)
Seiten 72, 73, 74, 75 Benjamin Donath Seiten 6, 8, 9, 10, 12, 41, 56, 62, 63, 66,
73, 80, 82, 94, 95, 112, 113, 116, 139, 142,143, 172, 178, 179 Caroline Russwurm
Seiten 9, 179 Florian Schuchmann Seiten 3, 4, 17, 18, 50, 53, 69, 72, 75, 89,
116, 119, 162, 178, 179 Giuseppina Goduto Seiten 4, 36, 50, 88, 178
Katy Wagner Seiten Buchschleife hinten, 4, 23, 56, 57, 65, 95, 108, 128, 131,
136, 138, 147, 154, 155, 157, 162, 166, 167, 178, 179 Kekema Iyinboh Seiten 16,
45, 54, 62, 95, 163, 178, 179 Lukas Wunschik Seiten 9, 13, 24, 50, 51, 106,
107, 117, 131, 138, 139, 140, 141, 145, 163, 164, 165, 179 Mario Zozin Seiten 8, 13
Matthias Nicklas Seiten 65, 129, 132, 133 Phillip Morant Seiten 17, 30, 146,
153 Rafael Broll Seiten 16, 169, 179 Stefan Werheid Seiten 24, 25, 35, 39, 41,
43, 44, 62, 68, 106, 140, 144, 145, 155, 178, 179 Sven Steffensmeier Seiten 17,
21, 26, 27, 32, 33, 49, 70, 76, 77, 88, 90, 99, 110, 179 Sylvia Gotthard Seiten
56, 57, 58 Nady El-Tounsy Buchschleife vorne Nima Hosseini Länderkarten
Istock U1 Karte succodesign S. 4, 38, 66 thomas-bethge, S. 32 leonid_tit,
S. 40 Flying broccoli, S. 61 Bradley Hebdon, S. 88, 96 csfotoimages, S. 91, 92,
111 Forgem, S. 116 Manuta, S. 122 DaLiu, S. 123 Madeleine_Steinbach, S. 123
HildaWeges, S. 130 Alberto Curcio, S. 134 artolympic, S. 168 oliver de la haye
Reproduktion: Mohn Media Mohndruck GmbH, Gütersloh
Druck und Bindung: Mohn Media Mohndruck GmbH, Gütersloh
CH · Herstellung Ina Hochbach
Printed in Germany
ISBN 978-3-442-39399-2
www.vox.de/cms/sendungen/kitchen-impossible.html
www.mosaik-verlag.de

Penguin Random House Verlagsgruppe FSC N001967

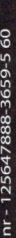

ciao amore

KITCHEN IMPOSSIBLE

Salam(, Kunzi,

INHALT

EMOTION OUT OF THE BOX

Seien wir ehrlich: Kitchen Impossible ist seit der ersten Test-Folge im Dezember 2014 eine Zumutung.

Zwei unterschiedlich veranlagte Profiköche treffen aufeinander, reisen um die Welt und stehen vor nicht zu lösenden Herausforderungen, die sie sich gegenseitig eingebrockt haben. Sie versuchen einzigartige, ihnen weitgehend unbekannte Gerichte, die ihnen in einer schwarzen Box überreicht

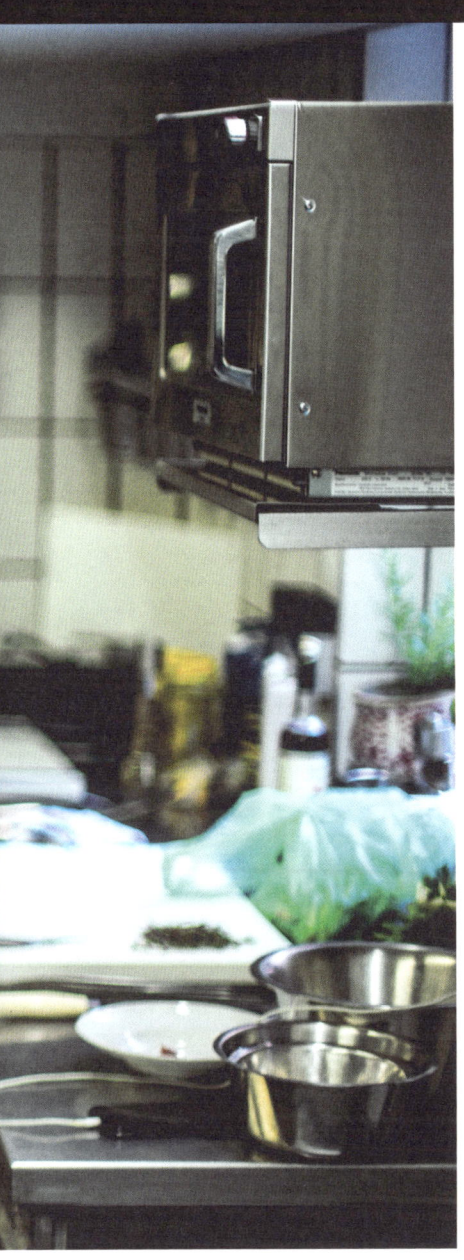

werden, so exakt wie möglich nachzukochen. Ohne Rezept, nur nach Geschmack und Optik. Ein Gefluche, Geschwitze und Geheule. Und am Ende geht's nur darum, wer erfolgreicher gescheitert ist!

Warum tut man sich das an? Wie lässt es sich erklären, dass auch nach über sieben Jahren und 45 Folgen noch Millionen Menschen die desaströsen Duelle auf VOX verfolgen? Eine

Antwort lautet: Weil Kitchen Impossible uns eine Situation vor Augen führt, die so ziemlich jedem Menschen widerfahren könnte. Wir sind es heute gewohnt, dass in fast allen Lebenslagen Google, Siri und das Navi für uns da sind. Egal, ob es darum geht, die Waschmaschine zu reparieren, ein Bier auf Russisch zu bestellen oder den Stau auf der Autobahn zu umfahren. ▶

»WAS ZÄHLT,
IST DIE
KONZENTRATION
AUF DAS
WESENTLICHE,
DIE PURE
LEIDENSCHAFT.«

Was, wenn all die netten technischen Hilfsmittel plötzlich entfallen? Kitchen Impossible zeigt am Beispiel von Köchen und Köchinnen, wie es ist, sich in einem neuen Umfeld auf den gesunden Verstand und die Intuition zurückbesinnen zu müssen.

Ein zusätzlicher Reiz ergibt sich aus der Art von Köchen, die sich gegenüberstehen. In Tims Worten: Es tritt fast jedes Mal der FC Bayern München auf einem Dorfacker gegen den FC St. Pauli an. Auf der einen Seite ein Koch oder eine Köchin, die um Sterne kocht, auf der anderen Tim, für den Mainstream ein positiv geladenes Wort ist. Eigentlich klar, wer gewinnt. Würden nicht beide außerhalb ihrer kulinarischen Komfortzone spielen. Perfektionierte Zubereitungsmethoden nützen einem nichts, Filigranität genauso wenig. Die Duellanten müssen sich auf eine ungewohnte Umgebung einlassen. Was zählt, ist die Konzentration auf das Wesentliche, die pure Leidenschaft. Und der eine oder andere schmutzige Trick. Womit sich der Underdog aus Hamburg vielleicht einen Tick besser auskennt. Um sich gegenseitig aus dem Konzept zu bringen, denken sie sich immer wieder Zusatzaufgaben aus, die mit dem Kochen nichts zu tun haben. Kleine, fiese Ablenkungsmanöver.

Kitchen Impossible ist ein fernsehhistorisch einmalig unzensiert-verzweifelter Kampf zweier Küchen-Helden. Wie Azubis tasten sie sich an Gerichte heran und werden immer wieder eines Besseren belehrt. Selbst wenn es ihnen gelingt, alle Zutaten zu erkennen, zu besorgen und einwandfrei zuzubereiten.

Die Stammgäste der Lokale, deren Gerichte nachgekocht werden, bewerten die Annäherungsversuche auf einer Skala von 1 bis 10 zwar gelegentlich mit einer 10. Aber das ist einer der

▶

wenigen unaufrichtigen Momente von Kitchen Impossible.

Geniale Gerichte sind wie Mega-Hits: Die Coverversion weicht immer vom Original ab. Was große Sänger oder Köche erzählen, hat einen natürlichen Kopierschutz. In jeder schwarzen Box, die mit Reisebeginn geöffnet wird, verbirgt sich eine einmalige Geschichte. Die Gerichte darin sind untrennbar verwoben mit einer speziellen Kultur, mit einzigartigen Orten und Menschen. Jedes Scheitern ist eine Verbeugung vor einem kulinarischen Erlebnis, das es so nur einmal gibt.

Damit sind wir bei einer weiteren Antwort auf die Frage, was Kitchen Impossible so faszinierend macht: Die Sendung lässt einen über das Essen die Welt entdecken, genauer gesagt: erspüren. Viele der Gerichte erzählen deutlich mehr über eine Stadt, eine Region oder ein Land, als die klassischen Sehenswürdigkeiten oder Museen.

Die gastgebenden Köche und Köchinnen brutzeln nicht irgendwas zusammen und

▶

packen es in die Box. Es stammt aus ihrem Innersten. Egal, ob sie in einem Sternerestaurant in Vogtsburg arbeiten oder in einem Straßenrestaurant in Tel Aviv: Sie laufen keinem Trend nach, sie machen genau ihr Ding. Ihre Gerichte vermitteln etwas über ihren Lebensweg, über das, was sie bewegt und prägt. Nicht, indem sie den Verstand ansprechen, sondern die Gefühle.

Hinter all dem Schweiß und den Tränen zeigt Kitchen Impossible, wie sich die Welt im Genussmodus erkunden lässt. Sich einfach an einen Ort begeben, an dem Menschen mit Hingabe kochen, und sich mit allen Sinnen auf ihn einlassen. Das gilt in Taschkent genauso wie in Mexico City oder Glückstadt. Ob man die Speisekarte lesen kann? Geschenkt. Entscheidend sind Neugier und gegenseitige Wertschätzung und dass man sich selbst nicht so ernst nimmt. Gelegentlich hilft auch die Bereitschaft, ein paar Schnäpse mehr zu trinken, als es vernünftig wäre.

Dieses Buch beinhaltet einige der eindrucksvollsten Begegnungen aus sieben Jahren Kitchen Impossible. Hier blicken wir gemeinsam mit Tim auf die wundervollsten und skurrilsten Geschichten der Sendung zurück. Er würdigt Köchinnen und Köche, die ihn besonders berührt haben. Und er setzt sich so mancher Schmach mit etwas Abstand nochmals aus. Ohne Beschimpfungen. Ganz nüchtern.

Das Buch soll vermitteln, warum sich Sterneköche immer wieder dem Risiko aussetzen, sich vor laufender Kamera zu blamieren und was Tim antreibt, es bereits in einer siebten Staffel mit ihnen aufzunehmen.

Vor allem aber findet ihr auf den nächsten 156 Seiten einige der großartigsten Gerichte, an denen Tim und die anderen Köche bisher auf ihrer kulinarischen Weltreise verzweifelt sind. Mit Rezepten! Das macht es einfacher, sie nachzukochen. Auch wenn sie natürlich selbst mit Anleitung nie so wie das Original werden können, lohnt es sich sehr.

Viel Erfolg beim Scheitern!

1 X ISLAND

1 X DÄNEMARK

1 X SCHWEDEN

11 X DEUTSCHLAND

1 X FINNLAND

1 X NIEDERLANDE

1 X TSCHECHIEN

2 X ENGLAND

2 X BOSNIEN

5 X FRANKREICH

2 X PORTUGAL

2 X GRIECHENLAND

7 X ITALIEN

1 X SLOWENIEN

3 X SPANIEN

1 X SCHWEIZ

6 X ÖSTERREICH

Alle europäischen Länder, die im Buch vorkommen

EUROPA

Angefangen hat alles mit einer Box im Züricher Hotel Baur au Lac. Voilà, Rehrücken im Speckmantel mit Gewürzbrot, Dörrbirne und Sellerie, gekocht von Drei-Sterne-Koch Andreas Caminada. Anders ausgedrückt: Viel mit viel mit viel. Ein Gericht, das einem auf dem Papier vielleicht vertraut erscheint, in der Realität aber wahnsinnig komplex ist.

Tim Raue, der sich diese allererste Aufgabe in der Box im Jahr 2014 für mich ausgedacht hat, schickt mich nicht etwa in die weite Ferne, sondern in die Schweiz. Er will mich in einer Genusswelt scheitern sehen, die, global betrachtet, quasi um die Ecke von der Bullerei liegt, der Homebase von Kitchen Impossible. Er weiß: Gefühlt befindet sie sich auf einem anderen Planeten.

Damit ist diese Premieren-Challenge bis heute typisch für Kitchen Impossible. Es gehört ohne Frage zum Reiz dieses Küchenabenteuers, uns Köche in einem uns komplett unbekannten Umfeld leiden zu sehen. Auf den Kapverden zum Beispiel. Oder in Aserbaidschan. In Europa liegen aber oft die viel größeren Herausforderungen.

VIEL MIT VIEL MIT VIEL.

Nicht wenige Spitzenköche wissen, wie man perfektes Sushi oder Thai Curry zubereitet. Geht es um Gerichte aus der näheren Umgebung, sind sie aufgeschmissen. Globalisierung eben. Für so ziemlich alle hierzulande gehören verschiedene europäische Landesküchen zum Alltag, allen voran die deutsche, die italienische, die französische und die spanische. Was wir für authentisch halten, ist allerdings oft ein wilder Remix oder eine eigenwillige Neuinterpretation. Hinzu kommt, dass das Essen, was viele für typisch europäisch halten, nur für einen Teil des Kontinents steht. Wer außerhalb Finnlands kennt schon finnische Gerichte? Wer außerhalb Litauens litauische? Es gibt kein typisch europäisches Essen. Europa ist kulinarisch wahnsinnig vielfältig. Kitchen Impossible beweist, wie großartig das ist.

Es ist gut, dass sich Europa wirtschaftlich und politisch weiter angleicht, kulinarisch sollte es sich so viel Individualität wie möglich erhalten. Je mehr wir uns gegenseitig in die Töpfe gucken, je mehr wir zusammen kochen, essen, trinken, beim Kopieren von Originalgerichten scheitern und voneinander lernen, desto mehr wachsen wir zusammen.

30 X EUROPA

Von Staffel eins bis sechs waren 30 europäische Länder Ziel der Challenges von Kitchen Impossible.

Köche und Köchinnen treten bei Kitchen Impossible in den ersten sechs Staffeln in Europa gegeneinander an.

37

164

Challenges finden in Europa statt.

FÜNFKOMMAFÜNF

Der Punkteschnitt aller Jury-Bewertungen in Europa.

Hellsinki

NEUN

Jahre alt ist Luka Lukic, als Klaus Erfort 2018 sein bosnisches Spanferkel in Gradiška nachzukochen versucht. Jünger als jeder andere Originalkoch bei Kitchen Impossible! Kennengelernt habe ich Luka ein Jahr davor am Rande meiner eigenen Challenge in der bosnischen Stadt (mehr zu dieser Herausforderung auf der nächsten Seite).

549

Minuten! So lange müsste Juan Amador laut Navi aus der finnischen Ödnis zu Fuß gehen, um nach Helsinki zu gelangen. Ein Glück, dass eine Frau anhält und ihn im Auto zur nächsten Bushaltestelle fährt. In die Situation habe ich ihn gebracht. Ein bisschen Schikane muss sein!

2,7

So viele Punkte bekommt Roland Trettl in Bad Oeynhausen für seine Stippgrütze – Low Score in Europa.

-30°

ist die gefühlte Temperatur bei Tim Raue, als er in Island ankommt. Die tatsächliche: minus 5 Grad.

9,7

Im slowenischen Murska Sobota bekomme ich den bisher höchsten Punkteschnitt für ein Gericht. Ein Blätterteiggebäck! Saublöd, dass ich neben der Premurska Gibanica auch noch Gulasch mit Schweinefüßen kochen muss (gelingt nicht ganz so gut) und die Punkte am Ende verrechnet werden.

11

Fortbewegungsmittel in Europa: Auto, Moped, Paddelboot, Segelschiff, Flugzeug, Traktor, Bahn, Pferd, Fahrrad, Bus, Wohnwagen.

MATELOTE

heißt das Gericht, das mir meine Nr. 1-Jury-Bewertung eingebracht hat: »Es hat mir sehr gut geschmeckt. Die Fische waren perfekt auf den Garpunkt gekocht«, sagt kein geringerer als die französische Kochlegende Marc Haeberlin über meinen Süßwasserfisch-Eintopf »Matelote« in Kaysersberg. Große Ehre!

ZWEI

Stunden schläft Ali Güngörmüş nach eigenen Angaben in der Nacht allein in einem Wohnwagen im schwedischen Wald bei Stockholm. Bären, Einbrecher, Elche, so viele gefährliche Wesen!

In jeder Hinsicht horizonterweiternd.
Blick aus Sergio Hermans niederländischer
Brasserie »AIRrepublic«, in der ich 2017 im
Duell mit Tohru Nakamura einen göttlichen Aal mit Kräutersoße und Kartoffelpüree nachkochen darf. Fünf Mal fanden bisher Challenges in den Niederlanden statt,
und immer war ich derjenige, der hier her-
ausgefordert wurde. Könnte an einer gewis-
sen Ignoranz liegen, die ich zu Beginn von
Kitchen Impossible an den Tag lege:
»Holland? Da wird das Essen erst lecker,
wenn du zwei Tüten im Kopf hast!«

Jede Postkarten-Idylle bei Kitchen Impossible ist trügerisch. Bestes Beispiel ist meine Challenge in Dänemark. Kopenhagen? Kenne ich in- und auswendig, eine meiner Lieblingsstädte. Glasklar, was Lukas Mraz mich hier nachkochen lässt: die angesagte Nordic Cuisine irgendeines zutätowierten Vollbartes. Doch wie so oft ist die Realität komplexer als das Klischee. Meine Aufgabe: die Ramen von Philipp Inreiter. Ein Österreicher, der in Dänemark japanische Nudelsuppe kocht!

I feel you brother! In Gradiška erlebe ich einen dieser magischen Momente, in denen es nicht viele Worte braucht, weil das Essen alles sagt. Wie es mir gelingt, Mile Borjanovics Bumbar mit Salat und Kaymak nachzukochen, ist bei so viel Zwischenmenschlichkeit Nebensache.

Obwohl ich vorher nie in Bosnien war, fühle ich mich sofort zuhause und bin überzeugt: Der Balkan wird mein neues Italien. Einen Beitrag dazu leistet sicher auch die Kapelle, die Herausforderer Max Stiegl netterweise organisiert hat, weil er um mein Spielmannszug-Faible weiß. Wirklich feine Geste!

»ICH BIN
EINE NONNA.
NUR IN
MÄNNLICH.«

ITALIEN

Abgesehen von Deutschland, haben bisher in keinem anderen Land mehr Challenges stattgefunden wie in Italien. Fünfzehn, um genau zu sein. Weil die original italienische Küche einfach am schwierigsten ist! Sie steht für das, worum es im Kern bei Kitchen Impossible geht. Nirgendwo sonst wird so simpel gekocht. Die ganze Welt kennt Pizza und Nudelgerichte. Es steckt aber auch nirgendwo so viel Emotionalität hinter dem Essen. In Italien wird kulinarisch die Individualität gefeiert, nicht die Perfektion. Man isst etwas gerne, weil es eine bestimmte Person zubereitet hat, bevorzugt natürlich la Mamma. Es ist selten ein Problem, die richtigen Zutaten herauszuschmecken und sie zu besorgen. Ganz anders sieht es bei der Zubereitung aus: Es kommt auf einige wenige, aber alles entscheidende Abweichungen vom Gewohnten an. Wer diese persönlichen Kniffe nicht berücksichtigt, ist verloren. Anders als bei so manchem komplexeren Gericht ist jeder Fehler erkennbar. Es lässt sich nichts kaschieren. Und dann ist da auch noch diese unverschämte Leidenschaft, die in Italien hinter jedem guten Essen steckt! Ohne Frage: Sich hier zu behaupten, ist bei Kitchen Impossible die Königsdisziplin. In keinem anderen Land ist das Risiko größer, als Küchenprofi wie ein Amateur dazustehen. Dafür lassen sich ums Essen aber auch einzigartig viele unvergessliche Momente erleben. Man scheitert eigentlich immer in guter Gesellschaft. Meine Begegnung mit Nonna Antonia Converso in Roseto Valfortore ist dafür das beste Beispiel (Foto oben). Was für eine zauberhafte Person!

ZITRONENHUHN & AGNOLOTTI

Egal, wohin die Reise geht, eines ist klar: Irgendwann taucht diese verfluchte schwarze Box auf, in der sich ein Essen befindet, das einem innerhalb von Sekunden Schweißperlen auf die Stirn treibt. Unklar ist jedoch, wann sie auftaucht. Es gehört zum Wettkampf, die Box seinem Gegner genau in dem Moment zu präsentieren, in dem er am wenigsten damit rechnet. Ein zusätzlicher Psychokniff. Je schräger das Setting, desto besser. Am Bahnhof, im Bordell-Museum, an der Autobahnraststätte – es wurde schon so einiges ausprobiert. Seinen Ursprung aber hat dieses kleine, fiese Ritual in Cessole.

Hochsommer 2015, mein erstes von bisher zwei Duellen gegen Christian Lohse. Elf Stunden bin ich schon unterwegs, als ich in der norditalienischen Gemeinde ankomme. Kameramann Jürgen hat mich von der davorliegenden Challenge in Dijon in seinem Auto mitgenommen. Und wer Jürgen kennt, weiß, was das bedeutet: »Er fährt so, als wäre er extrem kurzsichtig«, behauptet ein Kollege, der an dieser Stelle nicht genannt werden möchte.

Entsprechend geschafft bin ich. Aber was soll's, ein bisschen mit dem Produktionsteam im Restaurant »Madonna de la neve« zusammenzusitzen, was essen und trinken, ist ja ganz nett. Durchschnaufen, bevor es am nächsten Tag mit einer weiteren Aufgabe weitergeht. Was ich nicht weiß: dass die Kameras längst versteckt mitlaufen.

Gerade als mir der Kopf vom Rotwein schön mehlig geworden ist, steht die Box vor mir. Darin verbirgt sich haargenau die piemontesische Spezialität, die ich gerade noch vollkommen unanalytisch genossen habe: Agnolottis, aus einem Teigstreifen gefertigte Nudeltaschen. Daneben ein wundervoll mager-zartes Zitronenperlhuhn, das ich selbst am nächsten Morgen noch für eine Legehenne halte. Der komplette Kaltstart.

Unkonzentrierter bin ich nie in eine Challenge geraten. Trotzdem – oder gerade deshalb? – denken alle, die damals dabei waren, bis heute wahnsinnig gerne an die zwei Tage in Cessole zurück. Ob ihr Zitronenhuhn oder Zitronenperlhuhn zubereitet, ist euch überlassen.

ZITRONENPERLHUHN

ZUTATEN
(für 2 Personen)

1 Perlhuhn (ca. 1,2 kg)

2 Knoblauchzehen

4 Zweige Rosmarin

6 Salbeiblätter

Salz

Pfeffer

100 g Pancetta in dünnen
   Scheiben

3 EL Öl

30 g Butter

150 ml lieblicher Weißwein

5–6 EL Zitronensaft

1 Perlhuhn waschen und trockentupfen. Knoblauch, Rosmarin und Salbei fein hacken. Perlhuhn mit Knoblauch und Kräutern, etwas Salz und Pfeffer füllen. Mit den Pancettascheiben belegen und zusammenbinden.

2 Den Backofen auf 200 °C vorheizen.
Öl und Butter in einem Bräter erhitzen. Perlhuhn darin rundherum anbraten. Mit Wein ablöschen.

3 Im heißen Ofen auf der zweiten Schiene von unten 50 bis 60 Minuten braten.

4 Am Ende der Garzeit mit Zitronensaft übergießen und servieren.

Zubereitungszeit: 15 Minuten + 1 Stunde Garzeit

AGNOLOTTI DEL PLIN

ZUTATEN
(für 2–4 Personen)

1 Kaninchenschenkel

150 g Schweinefleisch aus
   dem Nacken

150 g Kalbfleisch aus dem
   Nacken

1 Möhre

1 Stange Staudensellerie

1 Zwiebel

Olivenöl

Salz

1 Kaninchenschenkel im Gelenk teilen. Schweine- und Kalbfleisch in grobe Stücke schneiden. Möhre schälen, Sellerie putzen. Beides in grobe Stücke schneiden. Zwiebel in Spalten schneiden.

2 Backofen auf 200 °C (Umluft 180 °C) vorheizen.
5 EL Öl in einem Bräter erhitzen. Fleisch rundum hellbraun anbraten, dabei salzen. Gemüse, Zwiebel und Knoblauch kurz mitbraten. Mit 300 ml Wasser ablöschen. Aufkochen, Lorbeerblatt und Rosmarin zugeben und zugedeckt im heißen Ofen 1 Stunde schmoren.

3 Inzwischen Endiviensalat und Borretsch kurz in kochendem Wasser blanchieren. Abgießen, kalt abschrecken und kräftig ausdrücken. Dann fein hacken.

4 Fleisch am Ende der Garzeit aus dem Ofen nehmen und abkühlen lassen.

5 Inzwischen Mehl, 4 Eier, Eigelb und nach Bedarf etwas kaltes Wasser zu

1 Knoblauchzehe
1 Lorbeerblatt
1 Zweig Rosmarin
1 Handvoll Endiviensalat
1 Handvoll Borretschblätter
(optional, ersatzweise etwas
    mehr Endiviensalat)
Pfeffer
500 g Mehl Type 0
4 Eier (M)
1 Eigelb (M)
30 g geriebener Parmesan
1 Eiweiß (M)

einem glatten Teig verkneten. In Frischhaltefolie 30 Minuten kaltstellen.

6 Fleisch mit dem Gemüse aus dem Schmorsud heben. Kaninchenfleisch vom Knochen lösen. Lorbeer und Rosmarin entfernen. Fleisch und Gemüse am besten in der Küchenmaschine fein hacken. Gehackten Salat, Parmesan und Eiweiß untermischen. Mit Salz und Pfeffer kräftig würzen.

7 Teig sehr dünn ausrollen und in ca. 5 cm breite Streifen schneiden. Dünn mit Wasser bepinseln. Die Fleischmasse in haselnussgroßen Portionen mittig und mit 1 cm Abstand zueinander auf den Teigstreifen setzen. Teig von beiden Seiten über die Füllung schlagen, zwischen der Füllung leicht andrücken und mit einem Teigröllchen in Stücke schneiden.

8 Einen großen Topf mit Wasser füllen und aufkochen, salzen und die Agnolotti zugeben. Bei niedriger Hitze 2 bis 3 Minuten garziehen lassen. Abgießen und, mit etwas Olivenöl beträufelt, auf Tellern verteilen.

9 Nach Belieben mit Parmesan bestreut servieren.

Zubereitungszeit: 2 Stunden

PIZZA MARGHERITA & PIZZA PANCETTA

Ich bin der beste italienische Koch außerhalb Italiens. Das habe ich wohl ein paarmal zu oft behauptet. Jedenfalls scheint es meinen Gegnern besonders viel Freude zu bereiten, mich hier scheitern zu sehen. Eine Versuchung, der auch Roland Trettl in der ersten Staffel nicht widerstehen kann. Er lässt mich in Neapel an Raimondo Cinques zwei Meter langen Pizza verzweifeln, die aus einem geschichteten Teig besteht, der sehr viel flüssiger als gewöhnlich ist. Geschmacklich herausragend, ein Meisterwerk. Der Einfachheit halber haben wir sie für euch im Rezept etwas verkleinert.

ZUTATEN
(für 6 Pizzen)

10 g frische Hefe
1 kg Mehl Type 00 + etwas
   zum Bearbeiten
10 g Salz
1 Dose geschälte Tomaten
   (450 g)
Pfeffer
½ TL getrockneter Oregano
1 Prise Zucker
6 Kugeln Büffelmozzarella
80 g Pancetta in dünnen
   Scheiben
8 Stiele Basilikum
60 g Parmesan

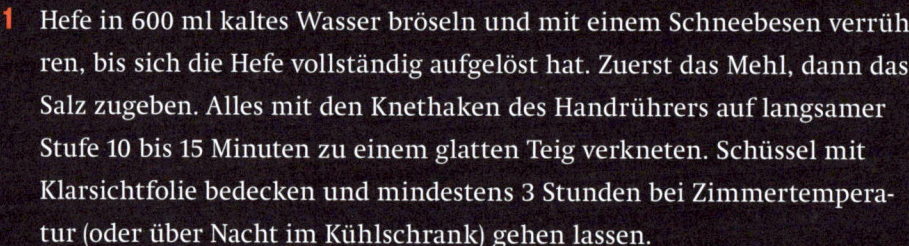

1 Hefe in 600 ml kaltes Wasser bröseln und mit einem Schneebesen verrühren, bis sich die Hefe vollständig aufgelöst hat. Zuerst das Mehl, dann das Salz zugeben. Alles mit den Knethaken des Handrührers auf langsamer Stufe 10 bis 15 Minuten zu einem glatten Teig verkneten. Schüssel mit Klarsichtfolie bedecken und mindestens 3 Stunden bei Zimmertemperatur (oder über Nacht im Kühlschrank) gehen lassen.

2 Teig auf einer bemehlten Arbeitsfläche zu einer Rolle formen. In 6 gleich große Stücke teilen und zu Kugeln formen. Kugeln auf ein leicht bemehltes Blech legen, mit Mehl bestäuben, mit einem Küchentuch bedecken. 1 Stunde bei Zimmertemperatur gehen lassen.

3 Backofen mit einem Pizzastein (ersatzweise mit einem Backblech) auf der untersten Schiene auf 250 °C vorheizen (Umluft nicht geeignet).

4 Tomaten abgießen, Stielansätze und Hautreste entfernen. Tomaten mit etwas Salz, Pfeffer, Oregano und Zucker pürieren. Mozzarella in einem Sieb gut abtropfen lassen, dann trockentupfen und in Stücke zupfen. Pancetta zerzupfen. Basilikumblätter abzupfen. Parmesan fein reiben.

5 Teigkugeln mit den Händen nacheinander auf einer gut bemehlten Arbeitsfläche zu dünnen, länglichen Pizzen (à ca. 25 cm Länge) drücken. Den entstehenden Rand nicht flach drücken. 3 Pizzen mit etwas Tomatensauce bestreichen. Einige Basilikumblätter zerzupfen und auf den Pizzen verteilen. Mit je 80 g Mozzarella und 20 g Parmesan bestreuen. Nacheinander 8 bis 12 Minuten backen. Pizza aus dem Ofen nehmen, in Stücke schneiden und mit etwas Basilikum bestreut servieren.

6 3 Pizzen mit etwas Basilikum bestreuen, mit zerzupftem Pancetta und restlichem Mozzarella belegen. Mit Pfeffer würzen. Nacheinander wie oben backen, dann mit frischem Basilikum bestreut servieren.

Zubereitungszeit: 1 Stunde 15 Minuten + Gehzeiten

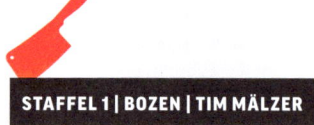

KNÖDELTRIS

ZUTATEN
(für 8 Personen)

ROTE-BETE-KNÖDEL

1 Rote Bete (ca. 200 g)
Salz
1 TL Koriandersaat
1 TL Kümmelsaat
4 Salbeiblätter
30 g Zwiebeln
20 g Butter
120 g Knödelbrot (schnittfes-
    tes, altbackenes Weißbrot)
2 EL Mehl
50 g Magerquark
2 Eier (M)

SPINATKNÖDEL

250 g junger Spinat
50 g Butter
60 g Zwiebeln
1 Knoblauchzehe
40 g Magerquark
Salz
Pfeffer
Muskatnuss
250 g Knödelbrot (schnittfes-
    tes, altbackenes Weißbrot)
2 EL Mehl
2 Eier (M)
50–75 ml Milch

1 Für die **Rote-Bete-Knödel** die Rote Bete waschen, in einem kleinen Topf mit Wasser bedecken, salzen, aufkochen und 25 bis 30 Minuten weichkochen. Dann abschrecken und etwas abkühlen lassen.

2 Koriander und Kümmel im Mörser fein zerstoßen. Salbei fein hacken. Zwiebel fein würfeln, mit den Gewürzen in der Butter andünsten.

3 Rote Bete schälen und mit der Gewürz-Zwiebelbutter mit einem Schneidstab fein pürieren.

4 Knödelbrot in kleine Würfel schneiden. Mit dem Mehl und ½ TL Salz mischen. Quark, Eier und Rote-Bete-Mischung zugeben und alles gut vermengen. Die Masse 15 Minuten quellen lassen.

5 Etwa 16 Knödel formen und in Salzwasser für 10 Minuten köcheln lassen (siehe Tipp). Mit einer Schaumkelle herausheben.

6 Für die **Spinat-Knödel** den Spinat waschen und abtropfen lassen. 30 g Butter zerlassen und den tropfnassen Spinat darin andünsten, bis er zusammengefallen ist. Gut abtropfen und abkühlen lassen.

7 Zwiebel und Knoblauch fein hacken und in 20 g Butter andünsten. Den gekochten Blattspinat fein hacken oder pürieren. Mit Quark und Zwiebelmischung vermengen. Mit Salz, Pfeffer und Muskatnuss abschmecken.

8 Das Knödelbrot in Würfel schneiden und in einer Schüssel mit Mehl und etwas Salz vermengen. Eier und Milch dazugeben und gut vermischen. Anschließend die Spinat-Quarkmasse zufügen und alles durchkneten, bis eine kompakte Masse entsteht. Die Masse 15 Minuten quellen lassen.

9 16 Knödel formen und in Salzwasser für 10 Minuten köcheln lassen (siehe Tipp). Mit einer Schaumkelle herausheben.

Eines der besten Gerichte, die ich je gegessen habe. Und ich bin eigentlich gar kein Knödelfreund. Diese Leichtigkeit eines eigentlich rustikalen Gerichts hat mein kulinarisches Gefühl noch mal weiterentwickelt.

KÄSEKNÖDEL

250 g Knödelbrot (schnitt-
    festes, altbackenes
    Weißbrot)
Salz
Muskatnuss
60 g Mehl
4 Eier (M)
250 ml Milch
50 g Zwiebeln
50 g Butter
5 Stiele Petersilie
100 g Käse (würzige Sorten
    wie Emmentaler, Berg-
    käse)

ZUM SERVIEREN
150 g Butter
80 g Parmesan

10 Für die **Käse-Knödel** das Knödelbrot in Würfel schneiden und in eine Schüssel geben. Mit etwas Salz, Muskatnuss und Mehl vermischen. Die Eier mit der Milch verquirlen und mit dem Knödelbrot vermengen.

11 Die Zwiebel fein hacken und in Butter andünsten. Petersilie abzupfen und fein hacken. Käse in feine Würfel schneiden und alles zur Brotmasse geben. Gut durchmischen. Die Masse 15 Minuten quellen lassen. 16 Knödel formen und in Salzwasser für 10 Minuten köcheln lassen (siehe

12 Tipp). Mit einer Schaumkelle herausheben. Zum Servieren die Butter in einem kleinen Topf zerlassen und leicht bräu-

13 nen. Den Parmesan fein reiben. Knödel mit der gebräunten Butter und Parmesan servieren.

Zubereitungszeit: 2 Stunden

Tipp: Wenn das Knödelwasser kocht, am besten einen Probeknödel zubereiten und testen: Braucht es noch Salz oder Mehl? Wenn er zu fest ist, etwas Milch zum Teig geben.

TAGLIATELLE AL RAGÙ

Ein Gericht, das zwingend in dieses Buch gehört. Weil keine andere Aufgabe, die ich gestellt habe, so tief aus meinem Innersten kommt. Bolognese ist meine Muttermilch! Die Bolognese, die Max Strohe in Bologna nachkochen muss, hat mit der Bolognese, wie ich und so ziemlich alle anderen Menschen außerhalb der Po-Region sie kennen, allerdings herzlich wenig zu tun. Hack, ertränkt in einem See aus Tomaten, so bezeichnet der sackcoole Franco Cimini die Allerweltsbolognese. Für den Zigarre rauchenden Originalkoch die Beleidigung eines Heiligtums. Seine Bolognese nach ewig alter Tradition ist reduziert aufs Fleisch und trotzdem saftig. Eine stundenlang gegarte Mischung aus Teilen vom Huhn, Schwein und Rind. Dazu ein Ei, das noch ungelegt dem geschlachteten Huhn entnommen wird. Und ganz wichtig: Tagliatelle, keine Spaghetti! Das Ei haben wir im Rezept weggelassen, da es echt schwer zu besorgen ist, aber wenn ihr eine Quelle kennt: nur zu!

ZUTATEN
(für 4 Personen)

RAGÙ
2 Zwiebeln
200 g Möhren
1 dünne Stange Lauch
150 g Knollensellerie
50 g Pancetta
150 g Hähnchenbrust
100 g Hühnerinnereien
(Herz, Leber, Magen,
ersatzweise Geflügel-
leber)
3 EL Olivenöl
500 g gemischtes Hack-
fleisch
Salz
Pfeffer
2 EL Tomatenmark
150 ml Weißwein

TAGLIATELLE
400 g Mehl Type 0 +
etwas zum Bearbeiten
4 frische Eier (L)

1 Für das Ragù Zwiebeln, Möhren, Lauch und Sellerie putzen und sehr fein würfeln. Pancetta sehr fein würfeln.

2 Hähnchenfleisch und Innereien oder Geflügelleber fein würfeln.

3 Olivenöl in einem Topf erhitzen. Pancetta darin kross auslassen. Gemüse und Zwiebeln zugeben und im Speckfett andünsten. Innereien, Hähnchenfleisch und gemischtes Hackfleisch zugeben und mit anbraten. Mit Salz und Pfeffer würzen. Tomatenmark zugeben und anrösten. Mit Weißwein ablöschen und zugedeckt bei milder Hitze 2 Stunden köcheln lassen.

4 Für den Nudelteig Mehl in eine Schüssel geben, in die Mitte eine Mulde drücken. Eier hineingeben und alles zu einem glatten Teig verkneten. Dann auf der Arbeitsfläche 5 bis 10 Minuten mit den Händen zu einem geschmeidigen Teig kneten. In Folie gewickelt ½ Stunde ruhen lassen.

5 Nudelteig mit der Nudelmaschine oder auf einer bemehlten Fläche 2 mm dünn ausrollen. Die Bahnen kurz ruhen lassen, dann aufrollen und zu 8 mm breiten Tagliatelle schneiden.

6 In einem großen Topf reichlich Wasser zum Kochen bringen und salzen. Nudeln darin in etwa 2 Minuten bissfest garen. Abgießen, etwas Nudelwasser auffangen und beides unter das Ragù mischen. Sofort servieren.

Zubereitungszeit: 2 Stunden 30 Minuten

LASAGNE DI PANE CARASAU

Die Ur-Lasagne ist eine dieser genialen Gemeinheiten im Duell zwischen Raue-Tim und mir. In Staffel 4 breche ich mal wieder die Regel, uns keine Aufgaben zu stellen, die etwas mit Backen zu tun haben. Der Satz »Backen ist kein Kochen« fällt bis Sommer 2019 übrigens 57-mal, danach haben wir aufgehört mitzuzählen. Anders als gewohnt, wird die traditionelle Lasagne von Anna Guri, Ex-Pizzabäckerin, jetzt Hausfrau auf Sardinien, mit knusprigen Teigfladen aus dem Feuerofen und nicht mit Nudelplatten geschichtet. Großer Genuss – auch wenn Raue es kaum schafft, einen Satz ohne Schimpfwort zu beenden.

ZUTATEN
(für 4 Personen)

1 l Milch
5 Stiele Thymian
40 g Butter
40 g Mehl
2 Zucchini (ca. 500 g)
500 g Champignons
6 EL Olivenöl
Salz
Muskatnuss
Cayennepfeffer
3 Scheiben Pane Carasau
  (sardisches Fladenbrot)
100 g Fontina in dünnen
  Scheiben (italienischer
  Schnittkäse)
100 g geriebener Pecorino

1 Milch und Thymian kurz aufkochen, dann vom Herd nehmen und 10 Minuten ziehen lassen.

2 Währenddessen Butter in einem Topf zerlassen. Mehl in der Butter ohne Farbe anschwitzen und kurz aufschäumen lassen. Thymian aus der Milch nehmen und die Milch nach und nach unter Rühren zur Mehlschwitze geben. Bei mittlerer Hitze aufkochen und bei milder Hitze unter gelegentlichem Rühren 15 Minuten köcheln lassen.

3 Inzwischen Zucchini putzen und längs in Scheiben schneiden. Pilze putzen und vierteln.

4 Zucchini mit 2 EL Öl beträufeln und in einer Grillpfanne von beiden Seiten anbraten und salzen. Pilze in 2 bis 3 Portionen in einer Pfanne mit 2 bis 3 EL Olivenöl hellbraun braten und salzen.

5 Béchamelsauce mit Salz, Muskat und Cayennepfeffer würzen.

6 Backofen auf 180 °C vorheizen.

7 Brot kurz unter fließendem Wasser anfeuchten. Dann in grobe Stücke brechen und mit Gemüse, Béchamel und Käse in eine Auflaufform (35 x 25 cm) schichten. Dabei mit einer Schicht Brot, Béchamel und Käse enden. Mit 1 EL Olivenöl beträufeln und im heißen Ofen auf einem Rost auf der mittleren Schiene 30 Minuten backen. Heiß servieren.

Zubereitungszeit: 1 Stunde

TIRAMISÙ-TORTE

ZUTATEN
(für 8 Personen)

BÖDEN:

1 TL weiche Butter
280 g Mehl
1 TL Weinsteinbackpulver
200 g Zucker
5 Eier (M)
1 Prise Salz
1 TL Vanillepaste
100 ml neutrales Öl
400 ml starker, kalter
   Kaffee
¼ TL Weinsteinpulver
   (siehe Tipp)

CREME:

450 ml Konditorsahne
250 g Mascarpone
50 g Puderzucker
2–3 EL Kakaopulver

Tipp: Wer kein Weinsteinpulver bekommt, gibt stattdessen die Hälfte vom Weinsteinbackpulver ins Eiweiß.

1 Für die Böden 2 runde Backformen (Springformen mit 20 cm ø) am Boden mit Butter fetten und mit Backpapier auslegen.

2 Backofen auf 180 °C Umluft (200 °C Ober-/Unterhitze) vorheizen.

3 Mehl in eine Schüssel sieben. 1 TL Backpulver und 100 g Zucker untermischen. Eier trennen. Eigelbe, Salz, Vanillepaste, Öl und 100 ml Kaffee in einer großen Schüssel mit den Knethaken des Handrührers oder der Küchenmaschine verrühren. Mehlmischung zugeben und bei mittlerer Geschwindigkeit gründlich unterrühren.

4 Eiweiße und Weinsteinpulver steif schlagen. 100 g Zucker unter Rühren einrieseln lassen und ½ Minute weiterschlagen bis ein cremiger, fester Eischnee entstanden ist.

5 ¼ vom Eischnee unter die Mehlmischung rühren. Den Rest in drei weiteren Portionen vorsichtig unterheben. Masse je zur Hälfte in die Backformen geben und im heißen Backofen auf einem Rost auf der mittleren Schiene 20 bis 25 Minuten backen.

6 Böden in den Formen mit je 150 ml Kaffee tränken, dann vollständig abkühlen lassen.

7 Für die Creme 400 ml Sahne steif schlagen. Mascarpone und Puderzucker mit einem Schneebesen vorsichtig glattrühren. Sahne nach und nach unterheben.

8 Böden aus den Formen lösen. Einen Boden auf eine Platte legen und 1 cm dick mit Mascarponecreme bestreichen. Kräftig mit Kakaopulver bestäuben und den zweiten Boden kopfüber daraufsetzen.

9 50 ml Schlagsahne unter die Creme rühren und die Torte damit rundherum bestreichen. Den Rand mit einer Teigkarte, die Oberseite mit einer Palette glattstreichen. Mit Kakaopulver bestreuen und servieren.

Zubereitungszeit: 1 Stunde + Abkühlzeit

Im dritten von bisher fünf direkten Duellen erweise ich meinem hassgeliebten Freund Tim Raue 2016 eine besondere Ehre: Ich schicke ihn ins wundervolle Sarzana nach Ligurien. Zu Melissa Forti, meiner guten alten Freundin aus London-Zeiten. Eine fantastische Bäckerin. Raues Aufgabe: ihre Tiramisù-Torte. Ausnahmsweise bleiben ihm die Flüche im Halse stecken. »Buttrig, fettig und gleichzeitig wie ein Wölkchen«, säuselt der Berliner mit Street Credibility, während er von Melissas Torte löffelt und bringt es auf den Punkt: »So schlicht und so perfekt, besser geht's nicht«.

SPANIEN

S panien – ein Land, in dem ich meine filigranen Gegner besonders gerne scheitern sehe. Schon sieben Mal habe ich andere Köche dorthin geschickt. Ich selbst musste nur zwei Mal dort antreten. Könnte daran liegen, dass ich mich mit spanischem Essen ziemlich gut auskenne. Ich habe als Ferienhausbesitzer mal viel Zeit auf Mallorca verbracht.

Die spanische Küche hat weltweit neben der dänischen in den letzten Jahren vom Innovationsgrad her am meisten für die Kulinarik getan. Mein Kalkül ist, dass sich Kollegen wie Raue, Herrmann, Klein oder Nakamura davon blenden lassen. Denn trotz innovativer Küchenfrickelei ist man in Spanien nach wie vor in erster Linie stolz auf rustikale Gerichte wie Paella oder Tortilla – eine Erfahrungsküche, die sich nicht rezeptieren lässt. Oft ein Schock für die werten Sterne-Streber. Sie reisen erwartungsfroh mit Pinzetten und Pipetten an, träumen von der Molekularküche und anderen großen Küchenkünsten und müssen dann das Hackbeil schwingen.

TORTILLA MIT BACON UND CHORIZO

Man kann einen Sternekoch kaum weiter aus seiner gewohnten Umgebung herausreißen, als Tohru Nakamura in Madrid. »Kommt da noch irgendwas dazu?«, will Tohru wissen, als er drei Tortillas in der Box erblickt. Simpelstes spanisches Streetfood – soll das wirklich für einen wie ihn die Herausforderung sein? Was er da noch nicht weiß: Er wird sie in einer Küche zubereiten, in der gefühlt 20 ältere Frauen auf wenigen Quadratmetern umherwuseln und eine Pfanne nach der nächsten rausballern. Willkommen in der Casa Dani, geführt von Dolores Cuerda Albaladejo, der Tortilla-Königin der spanischen Hauptstadt. Ein Laden, der mit Tohrus Münchner Arbeitsplatz so viel zu tun hat wie ein Rugbyfeld mit einem Minigolfplatz. Und dann muss er auch noch je nach Bestellung der Jury Tortilla ohne Zwiebeln, mit Zwiebeln oder mit Chorizo und Speck zubereiten, anstatt ein Menü abzuarbeiten. Immer wieder faszinierend, dieser Hochmut vor dem Fall!

ZUTATEN
(für 2 Portionen)

600 g Kartoffeln (vorwiegend festkochend)
120 ml Olivenöl
Salz
60 g durchwachsener Speck in Scheiben
100 g weiche Paprika-Chorizo (gewürzte Rohwurst vom Schwein)
250 g Zwiebeln
6 frische Eier (M)
Pfeffer

1 Kartoffeln schälen und in dünne Scheiben schneiden. 5 EL Öl in einer Pfanne erhitzen. Kartoffelscheiben darin etwa 25 Minuten bei mittlerer Hitze braten, bis die Scheiben weich sind – sie sollen keine Farbe annehmen. Kartoffeln währenddessen mehrfach wenden. Mit Salz würzen.

2 Speck in 1 cm breite Streifen schneiden, Chorizo in 1 cm große Würfel schneiden. Zwiebeln 1 cm groß würfeln. Speck in 2 EL Öl kross ausbraten. Chorizo zugeben und braun anbraten. Beides herausnehmen, das Fett dabei in der Pfanne lassen. Zwiebeln darin 15 bis 20 Minuten braun anbraten.

3 Eier, etwas Salz und Pfeffer verquirlen. Kartoffeln, Zwiebeln und Chorizomischung unter die Eiermasse mischen.

4 4 EL Öl in einer beschichteten Pfanne (24 cm Ø) erhitzen. Kartoffel-Ei-Mischung in die Pfanne geben. Bei mittlerer bis starker Hitze 1 bis 2 Minuten braten. Masse auf einen Teller gleiten lassen, umgedreht zurück in die Pfanne stürzen und weitere 1 bis 2 Minuten braten.

5 Aus der Pfanne stürzen – sie sollte im Inneren noch weich sein. Heiß servieren.

Zubereitungszeit: 1 Stunde

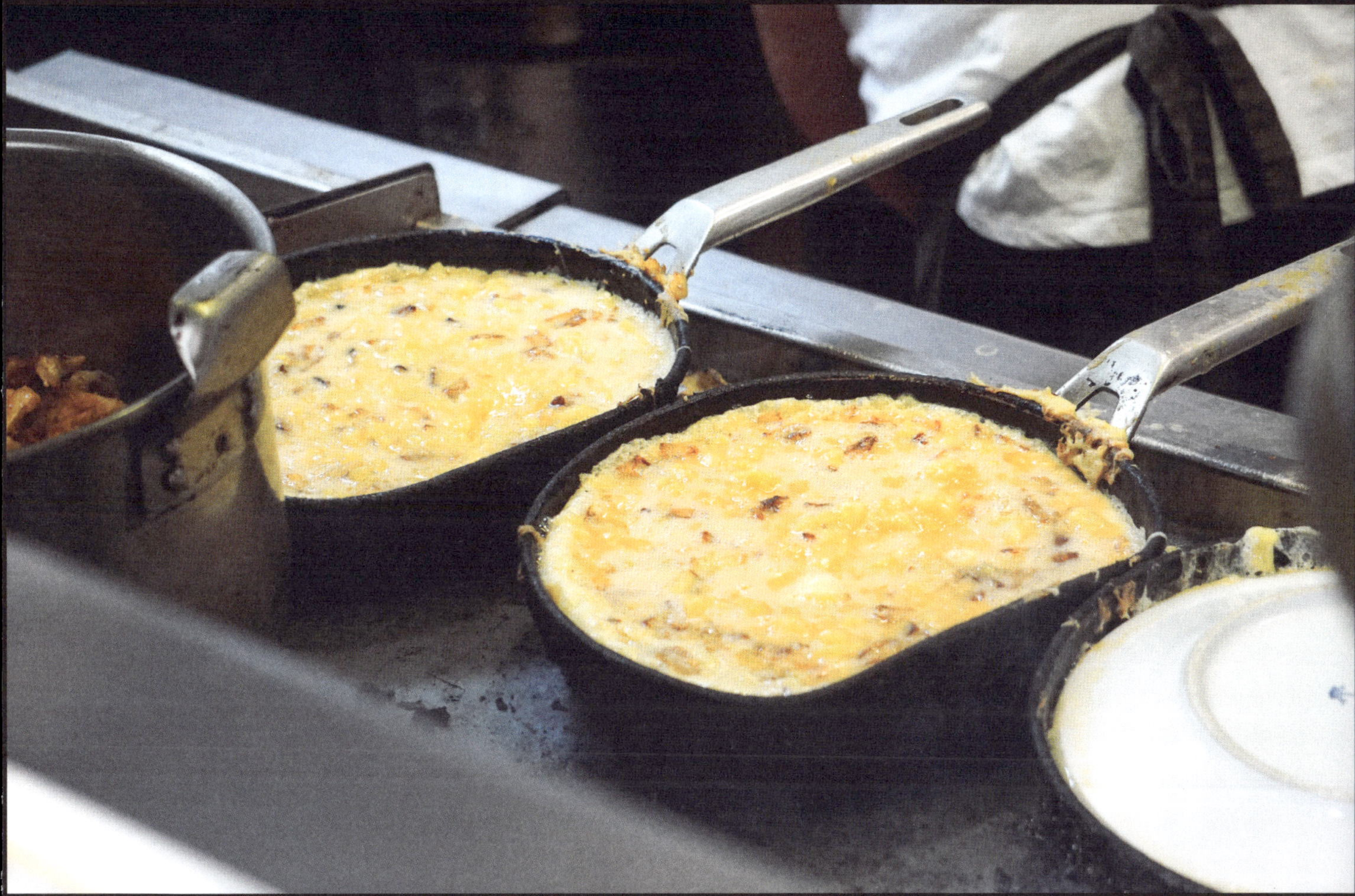

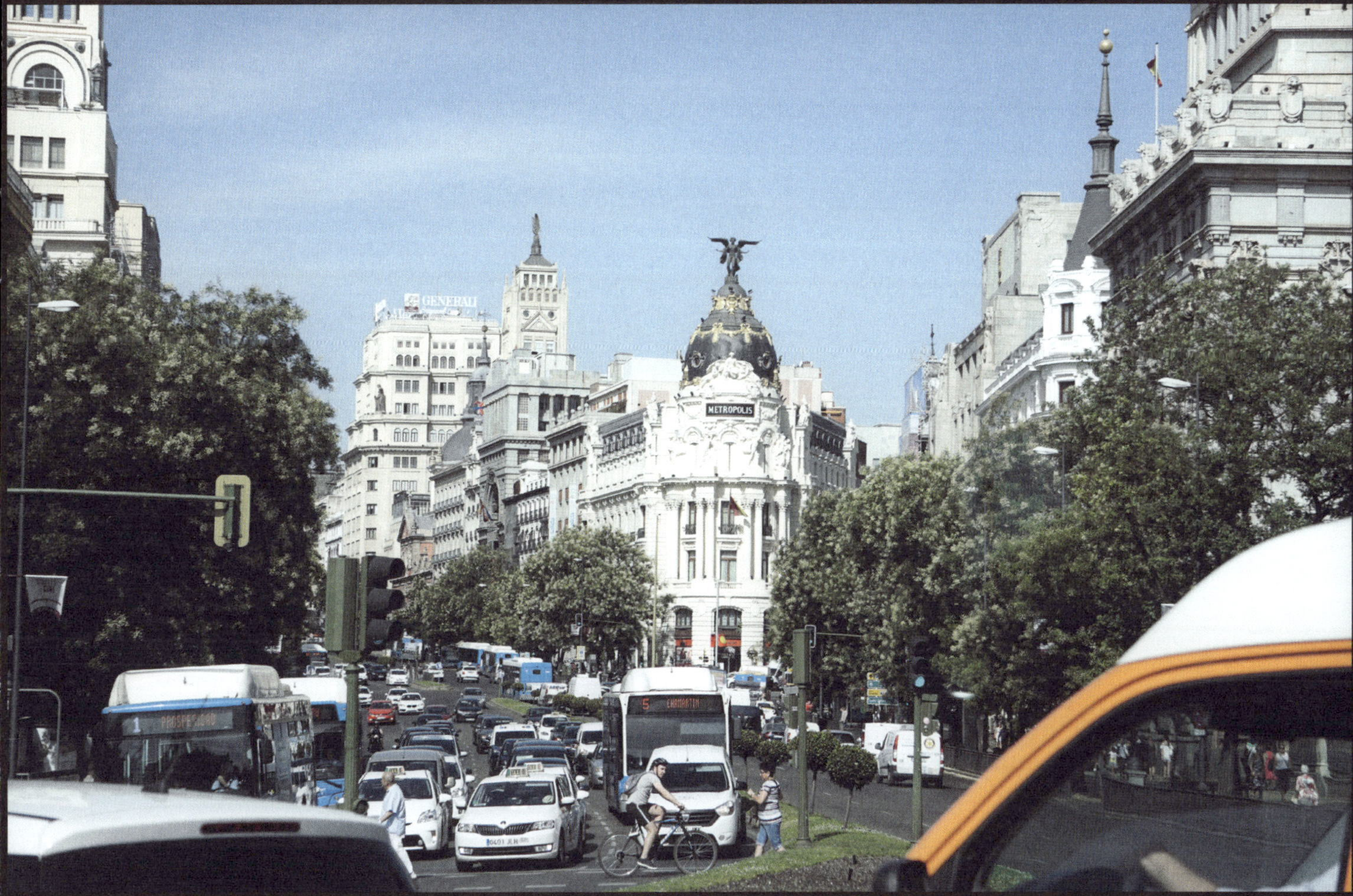
GENERALI
METROPOLIS

JAGEN UND SAMMELN FÜR ANFÄNGER

Ali Güngörmuş, der den schwedischen Wald nach Beeren absucht. Tanja Grandits, die mit einem Fischkutter in der Ostsee Dorsche fängt. Die Zutatenbeschaffung ist bei Kitchen Impossible Teil der Challenge. So hart wie Alexander Herrmann in La Coruña hat es diesbezüglich aber keinen getroffen. Um die Empanadas der überaus netten Rosa Mirás nachzukochen, muss Alex im Neoprenanzug und mit Schnorchel im offenen Atlantik nach Algen tauchen. So nimmt er das zumindest wahr: »Du hast keine Kontrolle, das Meer hat so eine starke Strömung, da wirst du fast seekrank.« Nun ja. In Wirklichkeit ist er im etwa 30 Zentimeter tiefen, eher seichten Küstenwasser unterwegs.

Nachdem er sich todesmutig in die Brandung wirft, liefert Alex die punktemäßig bislang beste Leitung bei Kitchen Impossible ab: Auf einen Schnitt von 8,4 kommt er mit seiner Nachahmung der Empanadas.

EMPANADAS GALLEGAS

ZUTATEN
(für 4 Personen)

400 g Mehl + etwas zum Bearbeiten | 170 ml Olivenöl | Salz | 300 g Babyspinat | 250 g scharfe, weiche Chorizo (spanische Rohwurst vom Schwein) | 3 Zwiebeln | Chiliflocken | 50 g Salzmandeln | 1 Eigelb (M)

1 Für den Teig Mehl, 150 ml Olivenöl, 120 ml Wasser und 1 TL Salz in eine Schüssel geben und mit den Knethaken des Handrührers zu einem glatten Teig verkneten. Nach Bedarf noch etwas Wasser zugeben. Teig auf einer Fläche mit den Händen weitere 5 Minuten kneten. Dann in Folie gewickelt bei Zimmertemperatur 1 Stunde ruhen lassen.

2 Für die Füllung Spinat waschen und abtropfen lassen. Chorizo in etwa 1 cm große Würfel schneiden. Zwiebeln in feine Streifen schneiden.

3 2 EL Olivenöl in einer Pfanne erhitzen. Chorizo anbraten, herausnehmen, das Fett in der Pfanne lassen. Zwiebeln darin 10 bis 12 Minuten dünsten. Spinat zugeben und 3 bis 4 Minuten andünsten, bis er zusammengefallen ist. Mit Salz und Chili würzen und abkühlen lassen. Mandeln hacken. Spinat mit Mandeln und Chorizo mischen.

4 Den Backofen auf 200 °C (Umluft 180 °C) vorheizen. Teig in 2 Stücke teilen. Eine Teighälfte auf einer bemehlten Fläche etwa 25 x 30 cm groß ausrollen. Mit Hilfe eines Nudelholzes aufrollen und über einem mit Backpapier belegten Blech wieder abrollen. Spinatmischung darauf verteilen, dabei rundherum einen 2 cm breiten Rand frei lassen.

5 Zweite Teighälfte wie oben ausrollen, aufrollen und über der Füllung abrollen. Die Ränder mit den Fingern zusammendrücken.

6 In die Oberfläche mit einem kleinen Messer mehrere Löcher schneiden. Eigelb und 1 EL Wasser verquirlen, die Teigoberfläche damit bestreichen. Empanadas im heißen Ofen auf der untersten Schiene 35 bis 40 Minuten backen. Kurz ruhen lassen, dann servieren.

Zubereitungszeit: 1 Stunde + Kühl- und Backzeit

COCA

Für diese Challenge schicke ich meinen Zwei-Sterne-Goliath Raue in mein Lieblingsrestaurant auf Mallorca, das »Ca na Toneta« im Dörfchen Caimari. Nova-Regio-Küche at its best. Maria Solivellas und ihr Team sind unverkrampft nachhaltig und dabei nie bevormundend. Besonders famos: ihre Oktopus-Coca. »Eines der besten drei Gerichte, die ich 2016 gegessen habe«, wie Raue nachträglich realisiert.

ZUTATEN
(für 4 Personen)

TEIG
12 g frische Hefe
100 ml Olivenöl
½ TL Salz
250 g Vollkorn-Weizenmehl

BELAG
4 Zwiebeln
1 Knoblauchzehe
4 grüne Paprikaschoten
4 rote Paprikaschoten
6 EL Olivenöl
2 TL Paprikapulver edelsüß
Salz
Pfeffer
4 Stiele Dill
200 g Oktopus (vorgegart)

1 Hefe in eine Schüssel bröseln. 100 ml Wasser unterrühren, bis sich die Hefe aufgelöst hat. Öl und Salz dazugeben. Mehl nach und nach unterrühren und mit den Händen zu einem glatten Teig verkneten. 30 Minuten abgedeckt ruhen lassen.

2 Inzwischen Zwiebeln grob würfeln, Knoblauch hacken. Paprika putzen und würfeln. Alles in einer Pfanne mit dem Olivenöl andünsten und 10 Minuten bei mittlerer Hitze schmoren. Mit Paprikapulver, Salz und Pfeffer würzen. Dillspitzen fein hacken und unterrühren. Oktopus in Stücke schneiden und untermischen.

3 Backofen auf 250 °C vorheizen (Umluft 230 °C).

4 Teig in 4 Portionen teilen und auf einer leicht bemehlten Arbeitsfläche zungenartig und sehr dünn ausrollen. Auf zwei mit Backpapier belegte Bleche geben und mit der Paprikamischung belegen. Nacheinander im heißen Ofen auf der mittleren Schiene 8 bis 10 Minuten backen.

5 Abkühlen lassen und servieren.

Zubereitungszeit: 1 Stunde

KITCHEN
IMPOSSIBLE

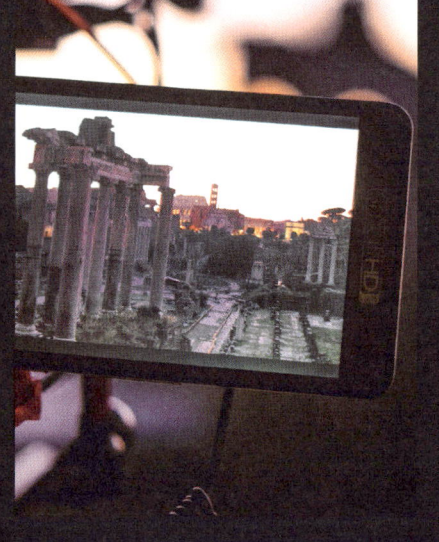

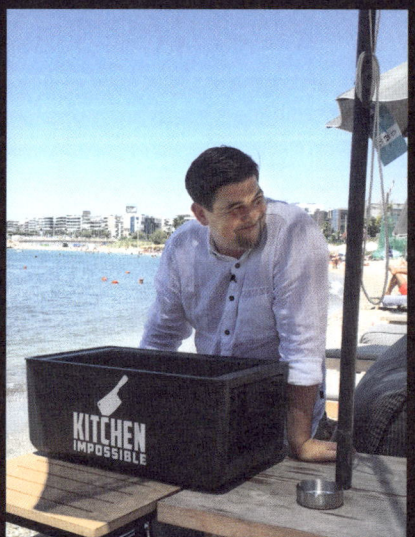

»EIN TELLER BEI KITCHEN IMPOSSIBLE SAGT MIR NICHT FREUNDLICH HALLO, ER WILL MICH VERNICHTEN.«

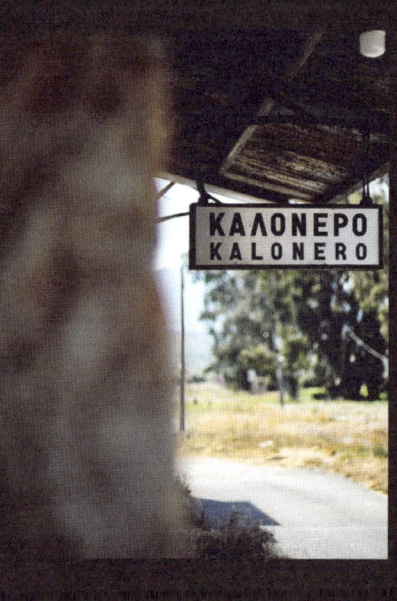

ΚΑΛΟΝΕΡΟ
KALONERO

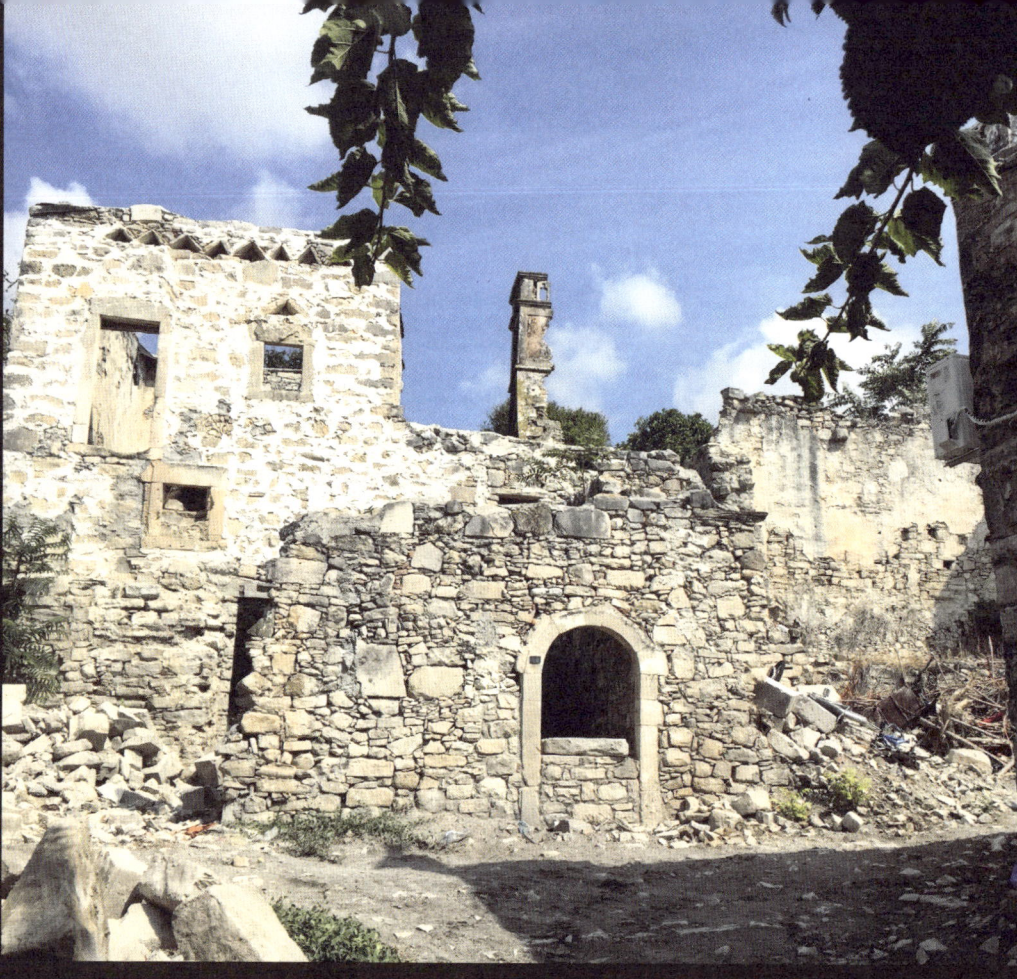

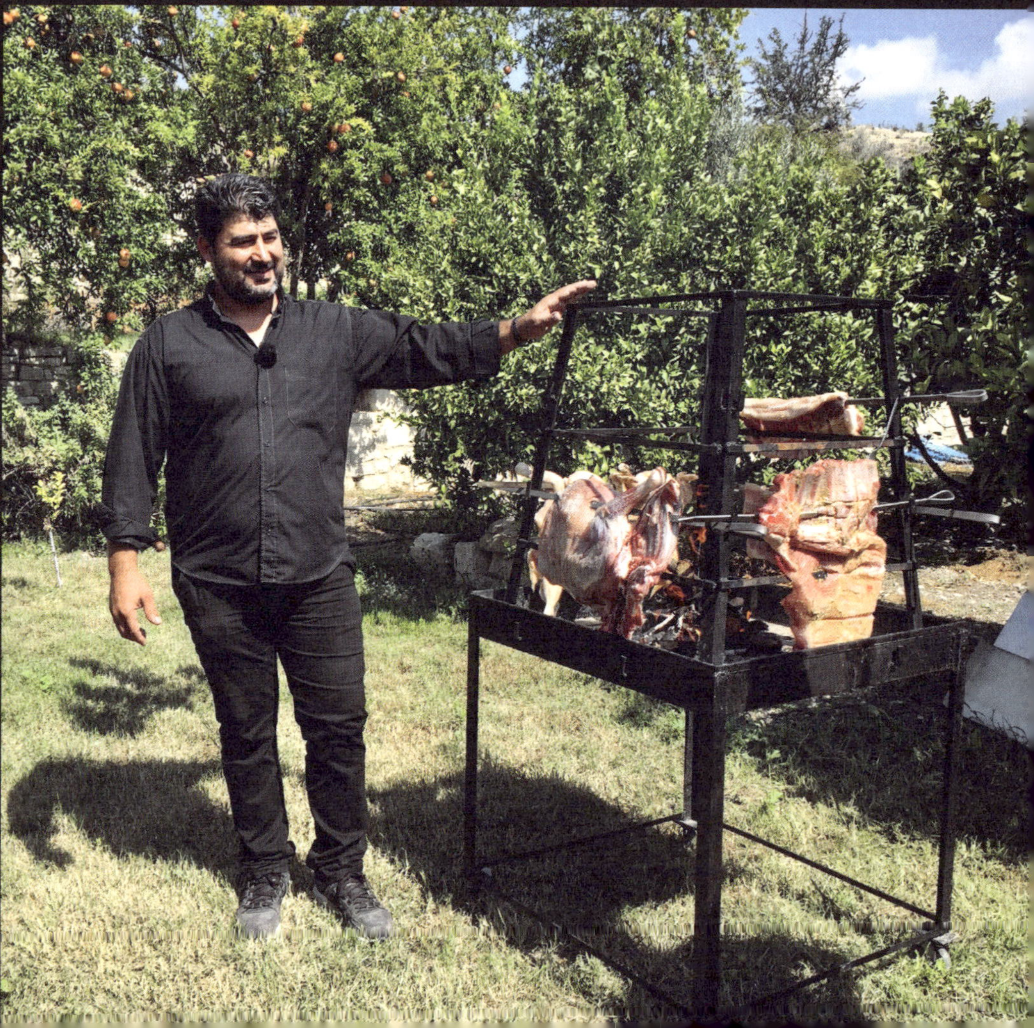

GRIECHENLAND

Drei Mal musste ich bisher in Griechenland antreten, auf Kreta, in Athen und Filiatra. Wie großartig die Gerichte sind, die ich nachkoche, lässt sich daran erkennen, wie sehr ich sie verfluche, als ich sie in ihre Einzelteile zerlege, an ihnen herumschnüffele und sie zerkaue. Es ist ja allgemein ein Dilemma dieses Wettbewerbs, dass die Teilnehmenden stets Gerichte vorgesetzt bekommen, hinter denen der Wille eines Gegners steht, sie zu Fall zu bringen. Das führt bei mir automatisch dazu, dass ich im Kampfmodus bin, wenn ich den Inhalt der Box analysiere.

Die Schönheit der Gerichte erkenne ich meistens erst im Nachhinein. Meine Haltung: Ein Teller bei Kitchen Impossible sagt mir nicht freundlich hallo, er will mich vernichten. So energisch wie in Griechenland steigere ich mich dann aber doch eher selten in einen Wettkampf hinein. Ein verfluchtes Kompliment! Besonders hart verdammt habe ich die beiden Gerichte auf den nächsten beiden Doppelseiten.

BAKLAVA

Dieses Baklava hat mir den Kopf weiter gemacht. Ich habe diese Form von Gebäck in Deutschland immer als massiv übersüße Pampe empfunden. Wenn es so zubereitet wird wie in der Bäckerei Palet, verhält sich das anders. Frisch, kross und aromatisch.

ZUTATEN
(für 24 Stück)

250 g Pistazienkerne
(ersatzweise Walnusskerne)
250 g Butter
450 g Yufkateigblätter
(aus dem Kühlregal)
1 Bio-Zitrone
250 g Zucker

1 Pistazien fein mahlen und beiseitestellen.

2 Backofen auf 180 °C vorheizen.

3 Butter in einem kleinen Topf bei niedriger Temperatur zerlassen. Eine quadratische Backform (20 x 20 cm) mit etwas Butter auspinseln. 1 Blatt vom Yufkateig so hineinlegen, dass der überschüssige Teig überlappt. Die restlichen Teigblätter 20 x 20 cm groß zuschneiden.

4 10 Teigblätter zusammenraffen und nebeneinander in die Form legen. Mit Butter bepinseln. Darauf 10 Teigblätter glatt übereinanderlegen und dabei jedes Blatt mit Butter bepinseln. Die Pistazien darauf verteilen. Mit 1 Teigblatt glatt bedecken. Mit Butter bepinseln. Darauf erneut 10 Teigblätter zusammengerafft nebeneinander legen und mit Butter bepinseln. Den überlappenden Teigrand überschlagen und mit Butter bepinseln. Zum Abschluss noch 2 Teigblätter darüberlegen und jeweils mit Butter bepinseln.

5 Teigblätter mit einem scharfen Messer erst in 4 Streifen, dann zu 24 gleich großen Rechtecken schneiden. Im heißen Ofen auf der mittleren Schiene in 25 Minuten goldbraun backen.

6 Inzwischen die Zitrone vierteln, mit 150 ml Wasser und 200 g Zucker aufkochen. 10 Minuten bei niedriger Hitze zu einem Sirup einkochen und warmhalten.

7 Baklava aus dem Ofen nehmen und mit dem Sirup übergießen. Leicht abkühlen lassen. Die Baklava schmecken am besten frisch und noch lauwarm.

Zubereitungszeit: 1 Stunde (plus Kühlzeit)

KRETISCHE ESSIGWURST MIT BOHNEN

Ein absoluter Hochgenuss. Man darf eben nur nicht anfangen, dieses Gericht bis ins kleinste Detail zu analysieren. Dann verliert es seinen Zauber. Einfach genießen!

ZUTATEN

(für 4 Portionen)

250 g getrocknete weiße
    Riesenbohnenkerne
3 TL Kreuzkümmel
1 TL Pfefferkörner
1 Bio-Orange
300 ml Weißweinessig
8 Kohlwürste (Mettenden,
    à 75 g)
300 g Staudensellerie
300 g Möhren
200 g Zwiebeln
1 kg Tomaten
8 EL Olivenöl
1 EL Tomatenmark
Salz
Pfeffer
200 g hellgrüne Spitz-
    paprika

1   Bohnenkerne in 1 l Wasser über Nacht einweichen. 1 TL Kreuzkümmel und Pfefferkörner in einem Mörser fein zerstoßen. 1 TL Orangenschale abreiben. Die Schale mit Essig verrühren. Die Würste mit einer Gabel mehrfach einstechen, in den Essigsud legen und über Nacht im Kühlschrank durchziehen lassen.

2   Am nächsten Tag die Bohnen abgießen, das Einweichwasser wegschütten. Bohnen in einem Topf mit 1 l Wasser bedecken, aufkochen und zugedeckt bei mittlerer Hitze 1 bis 1¼ Stunden weichkochen.

3   Inzwischen den Staudensellerie putzen und fein würfeln. Möhren putzen und fein würfeln, Zwiebeln fein würfeln. 500 g Tomaten auf der groben Seite der Küchenreibe reiben, bis nur noch die Schale übrig bleibt. Den Saft auffangen. Restlichen Kreuzkümmel fein mörsern.

4   4 EL Olivenöl erhitzen. Möhren, Sellerie und Zwiebeln darin andünsten. Tomatenmark zugeben und anrösten. Mit Salz, Pfeffer und 1 TL Kreuzkümmel würzen. Geriebene Tomaten mit dem Saft zugeben. 300 ml Bohnenkochwasser zugeben, aufkochen und offen 15 Minuten köcheln lassen.

5   Restliche Tomaten in dünne Scheiben schneiden. Paprika putzen und in dünne Ringe schneiden.

6   Wenn die Bohnen gar sind, abgießen, den Sud dabei auffangen. Bohnen in einen Tontopf oder Bräter geben.

7   Den Ofen auf 200 °C (Umluft 180 °C) vorheizen.

8   Gemüse-Tomatenmischung nach Bedarf nachwürzen und etwas Bohnensud zugeben, dann über den Bohnen verteilen. Wurst aus dem Essigsud nehmen, in 5 cm große Stücke schneiden und auf das Gemüse setzen. Mit den Paprikaringen und Tomatenscheiben belegen. Mit 4 EL Olivenöl beträufeln und mit etwas Salz und Pfeffer würzen.

9   Zugedeckt im heißen Ofen auf der untersten Schiene 50 Minuten garen. Heiß servieren.

Zubereitungszeit: 2 Stunden + Einweichzeit über Nacht

»FÜR MICH IST ES EIN KLEINES, EUROPÄISCHES KUBA. ES HAT WIRKLICH NOCH EINE IDENTITÄT.«

PORTUGAL

Portugal? Nicht lange her und mir wäre dazu nicht viel eingefallen. Vertraut war mir nur das Portugiesenviertel am Hamburger Hafen. In das kleine Land auf der iberischen Halbinsel war ich nie gereist. Dann startet die erste Staffel Kitchen Impossible und Sterne-Kollege Juan Amador schickt mich in eine Strandbude nach Ferragudo an die Algarve, um Arroz de Marisco nachzukochen. Ein kulinarisches Erweckungserlebnis. Ich habe schon verdammt viel gegessen, aber selten so gut wie an diesem Tag im Sommer 2015. Heute höre ich mich oft wie ein Tourismus-Botschafter an, wenn ich über Portugal spreche. Drei weitere Challenges haben mittlerweile hier stattgefunden, und für mich ist Portugal ein Land, das touristisch ist, sich aber nicht dem Tourismus unterworfen hat. Ein kleines, europäisches Kuba. Es hat sich seine eigene Identität bewahrt. Ein gutes Beispiel dafür, wie Essen einem neue Welten eröffnen und kulturelle Brücken schlagen kann.

ARROZ DE MARISCO

ZUTATEN
(für 4 Personen)

500 g Muscheln (Miesmu-
  scheln, Venusmuscheln)
1 kleiner Hummer (alternativ
  ½ großer)
500 g Tomaten
1 grüne Paprikaschote
2 Zwiebeln
2 Knoblauchzehen
6 EL Olivenöl
Salz
8 Garnelen mit Kopf und
  Schale
300 g Langkornreis
1 Bund Koriandergrün
Chiliflocken
100 ml weißer Portwein

1 Muscheln säubern und in reichlich kaltem Wasser waschen. Hummer putzen, zerkleinern, den Schwanz in breite Stücke schneiden.

2 Von den Tomaten den Stielansatz herausschneiden. Tomaten in kochendem Wasser 30 Sekunden blanchieren, kalt abschrecken und die Haut abziehen. Paprikaschote putzen. Tomaten, Paprika, Zwiebeln und Knoblauch
klein würfeln. Alles in 4 EL Olivenöl in einem großen Topf andünsten.

3 1,5 l Wasser zugießen, erhitzen und salzen. Meeresfrüchte und Reis zugeben und alles bei mittlerer Hitze köcheln, bis der Reis gar ist. Das dauert
etwa 25 bis 30 Minuten.

4 Koriandergrün hacken. Eintopf mit Salz, Chiliflocken und Portwein abschmecken und mit Koriander bestreut servieren.

Zubereitungszeit: 1 Stunde

»DAS BESTE GERICHT,
DAS ICH BEI KITCHEN
IMPOSSIBLE GEGESSEN
HABE. UND EINES
DER BESTEN MEINES
LEBENS.«

»Lissabon ist definitiv die schönste Stadt, in der ich je gewesen bin.« Sage ich, als ich in der portugiesischen Hauptstadt angekommen bin. Wohlgemerkt, bevor ich leichenblass und schweißverperlt im ziemlich guten Schickimicki-Fußballer-Laden »Solar Dos Presuntos« am Herd stehe, wo ich dank Hans Neuner das süßeste Dessert meines Lebens zubereiten darf, einen Karamell-Pudding namens Pudim Abade de Priscos. Danach ist Lissabon immer noch verdammt schön, aber auch mit viel Anstrengung verbunden.

>>JEDE STAFFEL MINDESTENS
EINE HERAUSFORDERUNG
IN NÄCHSTER NÄHE, ALSO
IN DEUTSCHLAND.<<

DEUTSCHLAND

Jede Staffel mindestens eine Herausforderung in nächster Nähe, also in Deutschland – diese ungeschriebene Regel galt für die ersten fünf Staffeln. Es geht bei Kitchen Impossible von Anfang an auch darum, das auf den vielen Reisen durch die Welt Erlernte mit der heimischen Küche abzugleichen. Wo wird bei uns aus vollstem Herzen gekocht?

Eigentlich sollte diese Regel bei der sechsten Staffel weiterbestehen. Im Büro des Produktionsteams in Köln hing Ende Februar 2020 an der Wand ein Plan mit Herausforderungen verteilt über die Welt. Tja, und dann kam alles anders. Die Pandemie und die Reisebeschränkungen werfen alles über den Haufen. Drei Monate ist nicht klar, wie es weitergeht, dann steht die Entscheidung: Es finden einfach mal alle Challenges in Deutschland statt. Sterneküche, Hausmannskost, internationale Gerichte – ich habe mich mit Kollegen wie Sepp Schellhorn, Sven Elverfeld und Alexander Wulf bei dieser Deutschland-Feldstudie so ziemlich an allem versucht.

Es lässt sich festhalten: Man kann als Köchin oder Koch auch hierzulande hart scheitern.

Zugegebenermaßen fällt es uns aber auch nicht so ganz leicht, auf die Schnelle umzudenken und sich Aufgaben in Deutschland zu überlegen, die voll zu Kitchen Impossible passen. Besonders wenn es um nur vermeintlich einfaches, traditionelles Essen geht, das mit 100 Prozent Hingabe zubereitet wird. In Italien findet man es in jeder Trattoria, bei uns muss man sehr gezielt danach suchen. Etwas mehr flächendeckende Leidenschaft täte uns hier sicher gut. Die Gerichte auf den nächsten Seiten sind dafür sehr gute Vorbilder.

ERBSENSUPPE

Fragt man hundert Menschen, welche Challenge die bisher beste war, nennen 95 von ihnen die Erbensuppen-Challenge. So heißt es aus dem Produktionsteam von Kitchen Impossible. Ich kann dazu nur sagen, dass es echt übel ist, bei starkem Seegang auf dem Marineschiff »Ludwigshafen am Rhein« Erbsensuppe zu kochen. Mir ist als Kind doch schon im Wellenbad von Westerland schlecht geworden!

ZUTATEN
(für 4 Personen)

150 g TK-Erbsen

1 Bund Suppengrün

2 Zwiebeln

70 g durchwachsener Speck

3 EL Öl

Salz

Pfeffer

2 Lorbeerblätter

1 TL getrockneter Majoran

200 g getrocknete grüne
  Schälerbsen

1,2–1,4 l Gemüsebrühe

500 g Kartoffeln (vorwie-
  gend festkochend)

500 g Kasselernacken ohne
  Knochen

4 Bockwürste

Muskat

1 TK-Erbsen auftauen lassen. Möhren und Sellerie putzen und schälen, dann in 1 cm große Würfel schneiden. Lauchstange putzen, der Länge nach vierteln, gründlich waschen und in 1 cm breite Stücke schneiden. Zwiebeln und Speck fein würfeln.

2 Das Öl in einem großen Topf erhitzen. Speck darin kross ausbraten, Zwiebeln zugeben und mitbraten. Vorbereitetes Gemüse zugeben und 3 Minuten unter gelegentlichem Rühren andünsten. Mit Salz und Pfeffer würzen. Lorbeer, Majoran, getrocknete Erbsen und 1,2 l Brühe zugeben. Kurz aufkochen und zugedeckt bei mittlerer Hitze 30 Minuten garen.

3 Währenddessen Kartoffeln schälen und in 1,5 cm große Würfel schnei-den. Kasseler ebenfalls 1,5 cm groß würfeln. Beides nach 30 Minuten in den Eintopf geben und weitere 30 Minuten garen.

4 Bockwürste in einem Topf mit Wasser erhitzen.

5 Aufgetaute Erbsen mit 2 Kellen der Eintopf-Flüssigkeit fein pürieren. Kurz vor Ende der Garzeit zum Eintopf geben, damit er eine grünere Farbe bekommt, evtl. noch etwas Brühe zugeben.

6 Eintopf mit Salz, Pfeffer und Muskat würzig abschmecken. Mit jeweils 1 Bockwurst servieren.

Zubereitungszeit: ca. 2 Stunden

»RUF DEN BÜRGERMEISTER AN, ER SOLL ZUM ESSEN KOMMEN.«

ADOBO MIT SCHWEINEFLEISCH

Eine Aufgabe, die mir Monika Fuchs stellt, meine mit mittlerweile 84 Jahren erfahrenste Gegnerin, die wie ich in Hamburg zuhause ist. Monika lässt mich im zauberhaft unhippen »Pinoy« in Berlin-Charlottenburg ein Gericht zubereiten, das ihr vertraut ist, seit sie mit ihrem Mann auf den Philippinen gelebt hat. Eine tolle Geschmacksreise in einer unerfreulich reisearmen Zeit.

ZUTATEN
(für 4 Personen)

800 g Schweinenacken
100 ml Sojasauce
100 ml Apfelessig
1 Zwiebel
5 Zehen Knoblauch
3 EL Öl
Pfeffer
20 g fermentierte schwarze
    Bohnen (aus dem Asia-
    Laden)
2–3 EL brauner Zucker
150 ml Ananassaft
1 Lorbeerblatt

TIPP: Dazu passt Reis.

1 Schweinenacken in 3 cm große Würfel schneiden. Sojasauce und Essig verrühren, Fleisch in der Marinade 30 Minuten einlegen.

2 Zwiebel und Knoblauch fein würfeln. Fleisch abtropfen lassen, Marinade auffangen. Fleisch trockentupfen.

3 2 EL Öl erhitzen, Fleisch darin rundherum scharf anbraten, mit Pfeffer würzen und herausnehmen. Zwiebeln und Knoblauch in den Bratsatz geben und kurz anbraten. Fleischmarinade und schwarze Bohnen zugeben, mit Pfeffer würzen, aufkochen und offen 5 Minuten köcheln lassen.

4 2 EL Zucker, Ananassaft, 100 ml Wasser und Lorbeerblatt zugeben, erneut aufkochen und offen 10 Minuten köcheln lassen. Nach 8 Minuten das Fleisch zugeben und mitgaren. Nach Bedarf mit etwas Wasser verdünnen und nachwürzen.

5 Anrichten und am besten mit Reis servieren.

Zubereitungszeit: ca. 30 Minuten + Marinierzeit

Raues Neuinterpretation von Königsberger Klopsen haben einen bekannten Widersacher und eine wirklich bekannte Fürsprecherin. Der Widersacher bin ich, also die Person, die sie nachkochen darf. Warum um Himmels willen muss man eines der wundervollsten deutschen Traditionsgerichte dekonstruieren? Die Soße ist süß, das macht keinen Sinn! Ein großer Fan ist Angela Merkel, die 2016 dafür sorgt, dass diese Klopse beim Staatsbankett mit Barack Obama als Hauptspeise serviert werden. Um herauszufinden, wem ihr zustimmt, kocht ihr sie am besten selbst nach.

KÖNIGSBERGER KLOPSE

ZUTATEN

(für 4 Personen)

500 g mageres Kalbshack

50 g gekochte Kalbszunge,
fein gewürfelt

100 g gekochte Kalbskopf-
maske, fein gewürfelt

100 g gekochtes Kalbsbries,
fein gewürfelt

3 Eigelbe (M)

6 EL süßer Senf

2 EL scharfer Senf

150 g Weißbrot

50 ml Milch

1 kleine rote Zwiebel
(ca. 50 g)

1 TL Butter

20 g Kerbel

50 g Kapern

Fleur de Sel

Paniermehl

1 l Gefügelfond

375 ml Riesling – am besten
Rieslingauslese von
Jochen Dreissigacker

150 ml Sahne

Saucenbinder hell

100 g kalte Butter

1 Alle Fleischsorten, Eigelbe und beide Senfsorten vermengen. Das Weiß-brot reiben, mit der Milch verrühren und unter die Fleischmasse geben.

2 Die Zwiebel würfeln und in Butter glasig garen. Den Kerbel fein hacken. Kapern, Zwiebeln und Kerbel in die Fleischmasse einarbeiten. Zum Schluss die Masse mit Fleur de Sel abschmecken und mit dem Paniermehl die Struktur festigen. Daraus 12 Klopse formen.

3 Fond und Riesling in einem großen Topf aufkochen und in den kochen-den Fond einen Teil der Klopse geben. Dann die Temperatur auf die nied-rigste Stufe regeln und bei geschlossenem Deckel die Klopse 7 Minuten ziehen lassen. Herausnehmen und warm stellen.

4 Wenn alle Klopse gekocht sind, den Sud durch ein Haarsieb passieren.

5 Den Sud mit der Sahne in einem kleinen Topf aufkochen und mit dem Saucenbinder zu einer siruppartigen Konsistenz binden. Die kalte Butter in kleine Stücke schneiden und in den heißen Sud (nicht kochen lassen!) einrühren. Klopse dazugeben und sofort servieren.

Zubereitungszeit: 45 Minuten

Tipp: Als Beilage passen Schnittlauchpüree und ein Salat mit Apfel, Roter Bete und Jalapeño-Chilis.

KARAAGE & OKONOMIYAKI HAMBURG

Hamburg ist nach Berlin die Stadt, in der mit Abstand die meisten unserer Challenges stattfinden. Vier Mal lasse ich eine Gegnerin oder einen Gegner in Hamburg antreten. Weil ich mich hier kulinarisch nun mal so gut auskenne, wie nirgendwo sonst. Ich weiß haargenau, wo ich sie vor unlösbare Aufgaben stellen kann.

Einmal muss ich selbst in meiner Heimatstadt etwas nachkochen: Meeresspezialitäten im Drei-Sterne-Laden von Kevin Fehling. Weil Kollege Hans Neuner meint, ich könnte mich in Hamburg möglicherweise doch nicht ganz so gut auskennen. Frechheit! Jemanden in seinem eigenen Wohnzimmer vorführen zu wollen, das ist am hinterfotzigsten überhaupt.

Und dann gibt es noch eine spezielle Hamburg-Challenge. Weil sie woanders hingehört. Eigentlich will ich meinen Herausforderer Björn Swanson nach Japan schicken, damit er an japanischem Streetfood scheitert. Doch das entpuppt sich als einer dieser Pläne, die Corona zunichtemacht. Also lotse ich den Gegner aus Berlin in mein eigenes Restaurant, »Die gute Botschaft« an der Außenalster.

Es gibt einfach keinen anderen Ort in Deutschland, an dem eine japanische Küche serviert wird, die so unangepasst ist an die europäische Geschmackswelt. Und in diesem Fall ist das ausnahmsweise keine Großmäuligkeit. Ich stehe ja in der Botschaft nicht selbst am Herd. Es ist ein großes Kompliment an die beiden japanischen Köche Mori-San und Tanaka.

KARAAGE MIT TERIYAKI-SAUCE

ZUTATEN
(für 4 Personen)

TERIYAKI-SAUCE
100 ml Sake
100 ml Mirin (japanischer
 Reiswein)
300 g Zucker
1 Knoblauchzehe
1 Zwiebel
1 Möhre
2 Hähnchenflügel
2 EL Öl
200 ml Sojasauce

KARAAGE
1 kleine Zwiebel
1 Knoblauchzehe
10 g Ingwer
100 ml Sojasauce
50 ml Sake (alkoholisches
 japanisches Getränk)
5 Hähnchenkeulen (à 300 g,
 mit Haut, entbeint)
100 g Frühlingszwiebeln
3 l Rapsöl
100 g Maisstärke

1 Am Vortag für die Teriyaki-Sauce Sake, Mirin und Zucker in einem kleinen Topf aufkochen und offen bei starker Hitze 5 bis 6 Minuten einkochen lassen, bis die Masse hellbraun und dicklich wird.

2 Knoblauch, Zwiebel und Möhre schälen und würfeln. Flügel grob hacken. Das Öl in einer Pfanne erhitzen und alle Zutaten kräftig darin anrösten, die Sakereduktion und die Sojasauce zugeben. Aufkochen und offen 15 Minuten köcheln lassen. Dann durch ein feines Sieb passieren, in 2 Twist-off-Gläser (à 250 ml) füllen. Verschließen und für 5 Minuten auf den Deckel drehen. Abkühlen lassen.

3 Für die Fleischmarinade Zwiebel, Knoblauch und Ingwer fein reiben. Alles mit Sojasauce und Sake in einer Schüssel verrühren. Das Hähnchenkeulen-Fleisch in etwa 3 cm große Stücke schneiden. Die Stücke sollten gleich groß sein, damit sie gleichmäßig frittieren.

4 Fleisch in die Marinade geben und gut mischen. Mindestens 30 Minuten (am besten 1 bis 2 Stunden) im Kühlschrank marinieren.

5 Frühlingszwiebeln putzen, waschen und in dünne Ringe schneiden. Dann in eiskaltes Wasser legen.

6 Das Rapsöl in einer Pfanne oder der Fritteuse auf 150 °C erhitzen. Fleischstücke abtropfen lassen, in der Stärke wenden und in mehreren Portionen je 3 bis 4 Minuten vorfrittieren. Auf Küchenpapier abtropfen lassen.

7 Öl auf 180 °C erhitzen. Die Fleischstücke darin in mehreren Portionen je ca. 30 Sekunden bis 1 Minute goldbraun und knusprig frittieren. Auf Küchenpapier abtropfen lassen. Frühlingszwiebeln abtropfen lassen.

8 Fleisch mit Frühlingszwiebeln und einem Glas der Teriyaki-Sauce servieren.

Zubereitungszeit: 45 Minuten + Marinier- und Abkühlzeiten

OKONOMIYAKI

ZUTATEN
(für 4 Portionen)

DASHI
1 Stück Kombu-Alge (ca. 5 g, aus dem Asia-Laden)
10 g Bonito-Flocken (aus dem Asia-Laden)

1. 300 ml kaltes Wasser und Kombu-Alge in einen Topf geben. 30 Minuten einweichen.
2. Die Bonito-Flocken zugeben und alles erhitzen, aber nicht kochen. Brühe durch ein feines Sieb gießen und abkühlen lassen.

OKONOMIYAKI
150 g Weizenmehl
150 ml Dashi (siehe Rezept oben, ersatzweise Wasser + 2 Spritzer Fischsauce)
2 Eier (M)
200 g Spitzkohl
1 Frühlingszwiebel
10 g eingelegter Ingwer (aus dem Asia-Laden)
2 EL Sojasauce
Salz
8 EL neutrales Öl
Aus dem Asia-Laden:
75 g japanische Mayonnaise
75 g Okonomi-Sauce (ersatzweise Teriyaki-Sauce)
10 g Aonori-Flocken
10 g Bonito-Flocken

1. Mehl, Dashi und Eier in einer Schüssel verrühren.
2. Spitzkohl und Frühlingszwiebel fein schneiden. Ingwer hacken. Alles unter den Teig mischen und mit Sojasauce und Salz würzen.
3. Backofen auf 120 °C vorheizen (Umluft nicht empfehlenswert).
4. 2 EL Öl in einer kleinen Pfanne erhitzen und ¼ der Masse darin zu Pfannkuchen braten: Bei mittlerer Hitze 4 bis 5 Minuten hellbraun braten, dann wenden und nochmals ca. 4 Minuten braten. Auf Küchenpapier abtropfen lassen. Im heißen Ofen warmhalten und 3 weitere Pfannkuchen braten.
5. Mit Mayonnaise und Okonomi-Sauce garnieren und mit Aonori- und Bonito-Flocken bestreut servieren.

Zubereitungszeit: 30 Minuten

FIFTY SHADES OF FAIL

Auch wenn diese beiden Gerichte unspektakulär daherkommen: Bei Käsespätzle und Krautkrapfen geht die Party ab. Mit übersüßer Torte, Luftballons und einem gar nicht mal so unlustigen Clown. Krawall und Remmidemmi, meine fünfzigste Challenge bei Kitchen Impossible! Gefeiert wird im »Hirschen«, ganz im Süden Deutschlands, im Allgäu. Und weil die 50 dafür nun mal ein sehr passender Anlass ist, bin ich gerne bereit für ein kleines, gewohnt bescheidenes Zwischenfazit: »Ich kann mich selbst manchmal nicht mehr labern hören, und einige meiner Schwachstellen wurden ans schwarze Brett genagelt. Aber ich bin immer noch

der Maßstab. Ich bin die kulinarische Miss Universe von Kitchen Impossible. Durch dieses Format habe ich mir einen Zweitwohnsitz auf der Spitze des Erfolges aufgebaut.«* Mein Geburtstagsgeschenk ist übrigens, dass ich erstmals eine Putzhilfe zur Seite gestellt bekomme. Andreas Caminada, dessen Schweizer Drei-Sterne-Küche ich bei der allerersten Aufgabe in einen »Saupuff« verwandelt habe, räumt und wischt mir hinterher.

* Diese Selbsteinschätzung gilt kurz vor der hundertsten Challenge noch ziemlich genauso.

KÄSESPÄTZLE

ZUTATEN
(für 4 Personen)

240 g doppelgriffiges Mehl (ersatzweise 200 g Mehl Type 405 und 40 g Hartweizengrieß)

240 g Mehl (Type 405) + etwas für die Zwiebelringe

Salz

6 Eier (M)

2 Gemüsezwiebeln (à 400 g)

4 EL Öl

80 g Fassbutter

100 g halbjähriger Bergkäse

100 g reifer Emmentaler

1 Für den Spätzleteig Mehle und ½ TL Salz in einer großen Schüssel mischen. Eier und 100 bis 140 ml Wasser unter Rühren zugeben. Mit einem Kochlöffel kurz zu einem leicht zähen Teig verrühren, nicht schlagen. 20 Minuten ruhen lassen.

2 Währenddessen Zwiebeln schälen und in ca. 3 mm dicke Ringe schneiden oder hobeln. Mit 2 EL Mehl mischen. In einer großen Pfanne Öl und 40 g Butter erhitzen. Die Zwiebelringe darin bei mittlerer Hitze in etwa 25 Minuten goldbraun braten. Mit etwas Salz würzen.

3 Beide Käsesorten raspeln.

4 In einem großen Topf reichlich Salzwasser aufkochen. Spätzleteig in mehreren Portionen mit einem Spätzlehobel in das Wasser hobeln. Einmal kurz aufkochen lassen, mit einer Schaumkelle herausheben, dann gut abtropfen lassen und in eine Schüssel geben.

5 Restliche Butter in einer Pfanne zerlassen und die Spätzle darin erwärmen. Käse zu den Spätzle geben und vorsichtig mischen, bis eine sämige Mischung entsteht.

6 Mit den Zwiebelringen bestreut servieren.

Zubereitungszeit: 1 Stunde

KRAUTKRAPFEN

ZUTATEN
(für 4–6 Personen)

520 g Mehl + etwas zum
  Ausrollen
Salz
5 Eier (M)
100 ml helles Bier
1 kg Weißkohl
3 Zwiebeln
100 g Butterschmalz
250 g geräucherter Speck
Pfeffer
500 ml heiße Rinderbrühe
2 Gemüsezwiebeln

1 Mehl, ½ TL Salz, 4 Eier und Bier zu einem glatten Teig verkneten. In Frischhaltefolie verpackt 30 Minuten ruhen lassen.

2 Währenddessen Kohl putzen und den dicken Strunk entfernen, dann in Streifen hobeln. Zwiebeln in Ringe hobeln. Alles in einem großen Topf mit 20 g Butterschmalz andünsten. Speck würfeln und kurz mitdünsten. Salzen, pfeffern und bei mittlerer Hitze 30 Minuten schmoren.

3 1 Ei verquirlen. Teig dritteln und auf einer leicht bemehlten Arbeitsfläche zu 2 mm dünnen und ca. 20 cm breiten Bahnen ausrollen. Jeweils ⅓ der Krautfüllung der Länge nach auf die Teigbahnen verteilen. Dabei rundum einen 3 cm breiten Rand frei lassen, diesen mit Ei bepinseln. Teig um das Kraut zu je einer Rolle aufrollen und in 10 cm breite Stücke schneiden.

4 Ofen auf 140 °C vorheizen. 50 g Butterschmalz in einer Pfanne zerlassen. Krautkrapfen erst am Teig-Verschluss, dann rundum hellbraun anbraten, dann mit den Schnittflächen nach unten in einen gefetteten Bräter setzen. Rinderbrühe zugießen.

5 Zugedeckt im heißen Ofen bei 140 °C auf einem Rost im unteren Ofendrittel 1 Stunde garen (Umluft nicht empfehlenswert). Dann abgedeckt weitere 30 Minuten hellbraun backen.

6 Inzwischen die Gemüsezwiebeln halbieren und in Streifen schneiden. 30 g Butterschmalz in einer Pfanne erhitzen und die Zwiebeln darin bei mittlerer Hitze goldbraun schmoren. Mit den Krautkrapfen anrichten.

Zubereitungszeit: 1 Stunde + 2 Stunden Gar- und Kühlzeit

»ICH BIN SO EINE ALTE SEELE. ICH BIN MEHRFACH WIEDER-GEBOREN.«

HAMBURGER AALSUPPE

So einzigartig kann deutsche Regionalküche sein, wenn sie mit Detailbesessenheit zubereitet wird! Aalsuppe ist exakt das Gericht, das Ludwig Maurer als Bayer im Kopf hat, als er im »Kleinen Heinrich« in Glückstadt an der Elbe landet. Dass ich es ihn nachkochen lasse, hält er für ausgeschlossen, weil: viel zu naheliegend und einfach. Und trotzdem gelingt ihm die Kopie nicht. Räucherschinken, nicht Beinscheiben! Zwiebeln nicht nur andünsten, anbrennen lassen!

ZUTATEN
(für 10 Personen)

BRÜHE

1 TL Rapsöl

1 Gemüsezwiebel

1–2 Räucherschinken-
knochen

1 TL Wacholderbeeren

4 Gewürznelken

2 TL Pfefferkörner

4 Lorbeerblätter

300 g Lauch

300 g Möhren

300 g Knollensellerie

10 getrocknete Apfelringe

20 Backpflaumen

Salz

Zucker

Essigessenz

6 Stiele Bohnenkraut

6 Stiele Thymian

6 Stiele Dill

6 Stiele Petersilie

1 Für die Brühe das Öl in einer Pfanne erhitzen. Die Zwiebel mit Schale halbieren, Schnittflächen im heißen Öl schwarz anrösten.

2 Schinkenknochen mit 5 l kaltem Wasser aufsetzen. Die geschwärzte Zwiebel, Wacholderbeeren, Nelken, Pfefferkörner und Lorbeer zugeben, aufkochen und offen etwa 2 ½ Stunden köcheln lassen. Dabei abschäumen, bis sich kein Schaum mehr an der Oberfläche bildet.

3 Inzwischen den Aal säubern, filetieren und in Stücke schneiden. Schalotte in feine Streifen schneiden. Weißwein, 200 ml Wasser, Gewürze und Aal in einem großen Topf einmal aufkochen lassen, dann von der Herdplatte ziehen.

4 Für die Mehlklöße Milch in einem Topf aufkochen. Salz, Zucker und Grieß zugeben und einige Minuten bei niedriger Hitze quellen lassen. Mehl zugeben, bis eine feste Masse entsteht. Den Topf vom Herd nehmen, Eigelb und Butter unterrühren.

5 Reichlich Salzwasser in einem Topf aufkochen. Von der warmen Masse mit 2 Teelöffeln kleine Nocken abstechen und im siedenden Wasser garen. Die Klöße sind fertig, wenn sie an die Oberfläche steigen. Mit einer Schaumkelle herausheben und in kaltem Wasser beiseitestellen.

6 Für die Suppe Lauch, Möhren und Sellerie putzen und in feine Julienne schneiden. Schinkenknochen aus der Brühe nehmen und etwas abkühlen lassen, dann das Fleisch vom Knochen lösen und klein schneiden. Brühe durch ein Sieb gießen.

AAL

600 g frischer Aal
1 Schalotte
100 ml Weißwein
Salz
Zucker
Weißer Pfeffer
1 Lorbeerblatt
2 Gewürznelken

MEHLKLÖSSE

500 ml Milch
1 Prise Salz
1 Prise Zucker
1 EL Weichweizengrieß
150 g Mehl
1 Eigelb (M)
1 EL weiche Butter

7 Die Brühe mit Gemüse-Julienne, Apfelringen und Backpflaumen erneut aufkochen, 8 bis 10 Minuten köcheln lassen. Mit Salz, Zucker und Essig abschmecken. Bohnenkraut und Thymian dazugeben. Fleisch, Aal und Klöße zugeben und 5 Minuten erhitzen.

8 Petersilie und Dill hacken, die Suppe damit garnieren und sofort servieren.

Zubereitungszeit: 3 Stunden

TOTE OMA

Eine Challenge, die ihren Anfang in meinem Podcast nimmt. Sterne-Kollege Robin Pietsch ist zu Gast und bringt aus dem Harz im Einweckglas den Eintopf seiner Oma mit. In dem Moment ist mir klar, wohin ich meinen nächsten Gegner Daniel Gottschlich schicke. Ein Traum-Spagat zwischen matschig und knackig. Ideal verkocht. Mit einem Fingerspitzengefühl, das nur Omas gegeben ist! Zusätzlich zum Eintopf muss Daniel auch noch Christa Pietschs mindestens genauso geniale Tote Oma nachkochen.

ZUTATEN

(für 4 Personen)

ZWIEBELRINGE

1 Zwiebel
2 EL Mehl
1 EL Butter
2 EL Öl

SALAT

400 g Weißkohl
2–3 EL Zitronensaft
1 TL Kümmelsaat
Salz, Pfeffer, Zucker

KARTOFFELSCHAUM

150 g junge Kartoffeln
200 ml Sahne
Pfeffer, Muskat
1 EL Butter

WURST

500 g Grützwurst
1 Zwiebel, 1 roter Apfel
2 EL Butter
2 Stiele Thymian

1 Zwiebel in sehr dünne Ringe schneiden und in Mehl wenden.

2 1 EL Butter und Öl in einer Pfanne erhitzen. Zwiebelringe darin bei mittlerer Hitze unter mehrmaligem Wenden knusprig braun braten, auf Küchenpapier abtropfen lassen.

3 Für den Weißkohlsalat Weißkohl putzen. Den harten Strunk entfernen, den Kohl vierteln und Viertel in sehr dünne, gleichmäßige Streifen schneiden. Mit Zitronensaft, Kümmel, etwas Salz, Pfeffer und Zucker mischen und gut durchkneten.

4 Für den Kartoffelschaum die Kartoffeln säubern. In einem großen Topf mit Salzwasser bedecken, zum Kochen bringen und etwa 20 Minuten garen. Dann abgießen und gut abtropfen lassen.

5 Kartoffeln mit der Schale halbieren, mit der Sahne in einen Topf geben und aufkochen. Mit Salz, Pfeffer und Muskat würzen. Butter unterrühren. Alles mit einem Schneidstab fein pürieren. Masse durch ein feines Sieb passieren und in einen Sahnespender füllen.

6 Die Wurst aus der Pelle lösen und grob hacken. Zwiebel fein würfeln. Apfel mit Schale in dünnen Scheiben vom Kerngehäuse schneiden und fein würfeln. Butter in einer Pfanne zerlassen, Zwiebel- und Apfelwürfel darin andünsten. Wurst untermischen und heiß werden lassen.
Wurstmasse in Schälchen verteilen. Kartoffelschaum darauf spritzen.

7 Obenauf Weißkohlsalat und Zwiebelringe geben und nach Belieben mit Thymian garniert servieren.

Zubereitungszeit: 1 Stunde

UNGARISCHER BOHNENEINTOPF

Haben wir eigentlich schon gesagt, dass Omas generell am allerbesten kochen? Hier das nächste Beispiel: der Bohneneintopf von Maria, der Münchner Schwieger-Oma von Christoph Kunz. Sie kocht diesen Eintopf, seit sie nach dem Zweiten Weltkrieg aus Budapest geflohen ist und sagt, er sei für sie Heimat. Eine Aufgabe, bei der selbst ich als selbst gekrönter Eintopf-King kapitulieren muss. Bei Marias Senioren-Stammtisch im Wirtshaus immerhin kann ich glänzen.

ZUTATEN
(für 4 Portionen)

200 g getrocknete weiße Bohnen

800 g Spareribs vom Schwein

1 Petersilienwurzel

2 Möhren

Salz

Pfeffer

1 Zwiebel

1 EL Butter

170 g Mehl

2 EL Tomatenmark

1 TL Paprikapulver edelsüß

1 Ei (M)

1 Bohnen über Nacht in kaltem Wasser einweichen.

2 Spareribs zwischen den Knochen in Stücke schneiden. Bohnen abgießen und mit den Spareribs in einen Topf geben. Mit 2 l kaltem Wasser bedecken und aufkochen. Zugedeckt 1 Stunde köcheln lassen.

3 Petersilienwurzel und Möhren schälen und in grobe Stücke schneiden. Zur Brühe geben, salzen, pfeffern und 20 Minuten mitkochen. Spareribs aus der Brühe nehmen, kurz abkühlen lassen und das Fleisch von den Knochen lösen. Fleischstücke zurück in die Brühe geben.

4 Zwiebel würfeln und in einem Topf mit der Butter andünsten. 20 g Mehl, Tomatenmark und Paprikapulver zugeben und kurz mitdünsten. Zum Eintopf geben, aufkochen und 10 Minuten bei mittlerer Hitze köcheln.

5 150 g Mehl, 1 Prise Salz und Ei zu einem glatten Teig verkneten. In kleine flache Stücke zupfen und in den Eintopf geben. 10 Minuten mitgaren.

6 Eintopf mit Salz und Pfeffer abschmecken und servieren.

Zubereitungszeit: 1 Stunde 45 Minuten + Einweichzeit

»FÜR MICH DERZEIT DIE KULINARISCH FÜHRENDE NATION IN EUROPA.«

POLIZEI →

Post.at

HORNBAHN
ST. JOHANN i. T.
FELBERTAUERN

P im Gries 100m

Zur Hornbahn ▶
Goldschmiede ▶
◀ Hotel Erika
◀ Hotel Tennerhof

ÖSTERREICH

Österreich ist für mich derzeit die kulinarisch führende Nation in Europa. Acht Mal durfte ich schon im Alpenland antreten. Die Gesamtanzahl der Challenges liegt bei 15, ein mit Italien geteilter zweiter Platz. Meiner Meinung nach gelingt es keinem Land so gut, kulinarisch selbstbewusst auf einem Fundament zu stehen und gleichzeitig offen zu sein für neue Einflüsse. Man ist unisono stolz auf Mehlspeisen, Schnitzel und Tafelspitz. Landgasthöfe erfahren die gleiche Wertschätzung wie die feine Küche. Gut gegessen wird nicht nur in den Städten. Für eine perfekte Forelle weite Wege über die Landstraße auf sich zu nehmen, ist völlig normal. Dieses ortsunabhängige Traditionsbewusstsein wirkt aber nicht rückwärtsgewandt. Junge, handwerklich hervorragend ausgebildete Köche wissen um die großen Kulinarik-Trends. Miso oder Dashi sind keine Fremdwörter. Doch sie werden mit Bedacht auf die Speisenkarten gesetzt.

WIENER SCHNITZEL MIT
KARTOFFELSALAT UND PREISELBEEREN

TIM MÄLZER

TIM RAUE

CHRISTIAN WINKLER

KITCHEN
IMPOSSIBLE

DAS DUELL DER DUELLE

»Absoluter Psycho-Terror.« »Körperlicher Nahkampf ohne jegliche Schutzhelme.« Vor meinem fünften direkten Duell mit Tim Raue rüsten wir verbal mal so richtig auf. Es steht 2:2 und es geht darum, wer der bessere Koch bei Kitchen Impossible ist.

Los geht's halbwegs gewöhnlich. Ich muss nach Valencia, Raue-Tim nach Bern. Was dann folgt, ist einmalig: Wir kochen parallel an einem Ort das gleiche Essen nach. Um mich nach den ersten beiden Challenges noch zu besiegen, muss Raue 1,5 Punkte aufholen.

Im Tiefschnee kämpfen wir uns hoch auf die Angerer Alm. Oben angekommen öffnen wir die Box: ein Wiener Schnitzel mit Kartoffelsalat, über dessen Qualität wir uns bei aller Verbissenheit einig sind. Mälzer-Tim: »Spektakulär schön, unglaublich soufliert.«

»KÖRPERLICHER NAHKAMPF OHNE JEGLICHE SCHUTZHELME.«

Raue-Tim: »Das beste Schnitzel mit Kartoffelsalat, das du in diesem Sonnensystem essen kannst.« Und obendrauf noch einen wundervoll fluffigen Kaiserschmarrn mit Apfelkompott. Perfektionierte Herzensküche. Zubereitet hat beides Hauben-Koch Christian Winkler, der 2019 noch im »Auwirt« in Aurach am Herd steht.

Es folgt eine Küchenschlacht mit allen Mitteln. Das Schnickschnackschnuck um den besseren Arbeitsplatz in Winklers Küche gewinnt Raue noch, danach gerät er zusehends aus dem Konzept. Meine Trashtalk-Zermürbungstaktik geht voll auf. Am Ende liegt Raue zwar ganz leicht vorne, er bekommt 3,99 Punkte, während ich bei 3,02 lande. Aber das reicht nicht, um seinen Rückstand aufzuholen. Ich freue mich schon aufs nächste Duell!

WIENER SCHNITZEL MIT KARTOFFELSALAT

KARTOFFELSALAT

1 kg Kartoffeln (festkochend, am besten Kipfler)

Salz, 1 TL Kümmelsaat

250 ml Rinderfond

1 Schalotte

1 EL Estragonsenf

3 EL Weißweinessig

Pfeffer, 1 Prise Zucker

5 EL neutrales Öl

2 Frühlingszwiebeln

5 Radieschen

MAYONNAISE

1 EL Mayonnaise

2 EL Gewürzgurkenwasser

2 EL Sauerrahm

50 ml Kürbiskernöl

SCHNITZEL

4 Scheiben Kalbsnuss (à ca. 180 g)

Salz, Pfeffer

2 Eier (M)

100 g griffiges Mehl (ersatzweise Mehl Type 550)

200 g Semmelbrösel

150 ml neutrales Öl

150 g Butterschmalz

1 Zitrone

6 EL kalt gerührte Preiselbeeren (ersatzweise Preiselbeerkompott)

ZUTATEN (für 4 Personen)

1 Kartoffeln mit Schale in einen Topf geben, knapp mit Wasser bedecken, salzen, Kümmel zufügen und in ca. 25 Minuten weichkochen.

2 Rinderfond in einem Topf aufkochen. Schalotte fein schneiden und im Fond einmal aufkochen lassen.

3 Aus Senf, Essig, etwas Salz, Pfeffer, Zucker und Öl eine Marinade herstellen. Mit dem heißen Fond verrühren.

4 Kartoffeln abgießen, im heißen Zustand pellen, in Scheiben schneiden und in die heiße Marinade geben. Mindestens 2 Stunden ziehen lassen. Danach nochmals abschmecken.

5 Zutaten für die Kürbiskern-Mayonnaise im Mixer mit einem Schneidstab kräftig durchmixen. Kurz vor dem Servieren unter den Kartoffelsalat rühren.

6 Frühlingszwiebeln in Ringe schneiden, Radieschen in Scheiben. Unter den Kartoffelsalat heben.

7 Für das Schnitzel die Fleischscheiben beidseitig leicht und gleichmäßig anklopfen (mit der flachen Seite des Schnitzelklopfers, etwa 3 mm dick).

8 Das Fleisch beidseitig mit Salz und Pfeffer würzen und ganz leicht mit Wasser benetzen. Am besten geht das mit einer Bestäuberflasche.

9 Eier verquirlen. Die Schnitzel von beiden Seiten im Mehl wälzen, das überschüssige Mehl gut abschütteln. Danach durch das gequirlte Ei ziehen, am Rand abstreifen und in Semmelbrösel wenden. Die Semmelbrösel dürfen nur leicht angedrückt werden.

10 Öl und Butterschmalz in einer großen Pfanne auf 180 °C erhitzen. Schnitzel bei mittlerer bis starker Hitze von beiden Seiten unter ständigem Schwenken goldbraun ausbacken. Aus dem Öl heben und auf Küchenpapier abtropfen lassen.

11 Die Zitrone in Schnitze schneiden. Schnitzel mit Zitrone, Preiselbeeren und Kartoffelsalat servieren.

Zubereitungszeit: ca. 1 ¼ Stunde, plus Marinierzeit vom Salat

KAISERSCHMARRN MIT APFELMUS

ZUTATEN
(für 4 Personen)

KAISERSCHMARRN

110 g Zucker
100 g Rosinen
20 ml Rum
130 g Mehl
320 ml Milch
1 Prise Salz
1 TL Vanillezucker
4 Eier (M)
60 g Butter
Puderzucker zum
   Servieren

APFELMUS

6 Äpfel (800 g, am besten
   Boskoop)
½ Bio-Zitrone
100 ml Weißwein
50 g Zucker
½ Zimtstange
2 Nelken

KAISERSCHMARRN

1   100 ml Wasser mit 50 g Zucker aufkochen, Rosinen zugeben und einmal aufkochen lassen. Den Rum hinzufügen und mindestens 1 Stunde ziehen lassen.

2   Den Backofen auf 250 °C (Umluft nicht empfehlenswert) vorheizen.

3   Mehl, Milch, Salz und Vanillezucker mit einem Schneebesen gut verrühren. Eier behutsam einrühren, nur kurz unterrühren.

4   20 g Butter in einer Pfanne schmelzen. Teig etwa 1 cm dick in die Pfanne gießen. Einige Rosinen (ohne Flüssigkeit) in den Teig streuen. Wenn er an der Unterseite goldgelbe Farbe angenommen hat, mit einem Pfannenwender kreuzförmig einritzen und umdrehen.

5   Die Oberfläche mit etwas Zucker bestreuen. Die restliche Butter in Flocken darauf verteilen und im heißen Ofen für 4 bis 5 Minuten auf der mittleren Schiene karamellisieren lassen.

6   Wenn der Schmarrn schön aufgegangen und durchgebacken ist, mit zwei Löffeln zerreißen. Mit etwas Puderzucker bestreuen und mit dem Apfelmus servieren.

7   Den restlichen Teig ebenso backen.

Zubereitungszeit: 1 Stunde 30 Minuten + Ziehzeit

APFELMUS

1   Äpfel schälen, vierteln und entkernen. Schale der Bio-Zitrone dünn abschneiden, den Saft auspressen. Mit den restlichen Zutaten und 100 ml Wasser in einen Topf geben, aufkochen und zugedeckt rund 25 Minuten sehr weich dünsten lassen.

2   Zimtstange, Nelken und Zitronenschale entfernen und das Apfelmus mit dem Schneidstab fein pürieren. Kaltstellen.

Zubereitungszeit: 40 Minuten

Gegen 36 Gegnerinnen und Gegner bin ich in den ersten sechs Staffeln angetreten. Gegen die meisten einmalig, gegen einige mehrmals. Die Top-Five der häufigsten Duelle:

	1 vs. 1	2 vs. 2	Siege gesamt
Tim Raue	IIIII	III	III
Christian Lohse	II	I	III
Maria Groß	II		II
Max Strohe	II		
Roland Trettl	I	III	III

Eine Zufallsentdeckung. Als ich in Staffel 4 zu Lukas Mraz nach Wien reise, um das Duell gegen ihn zu eröffnen, wird mir und dem ganzen Team dieses Gericht von Markus Mraz serviert, Lukas' Vater. Das Reisfleisch steht im »Mraz & Sohn« nicht auf der Karte, es ist ein beliebtes Personalessen. Es begeistert mich komplett! Ultralecker und kein Hexenwerk. Dafür muss man eben nur wissen, wie es geht. Anders als Christoph Kunz, dem in Staffel 5 die Ehre zuteilwird, dieses Gericht nachkochen zu dürfen.

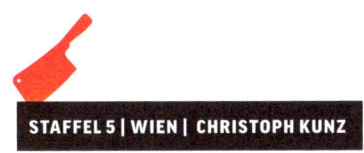
REISFLEISCH

ZUTATEN
(für 4 Personen)

600 g Zwiebeln
3 EL Schweineschmalz
2 EL Sonnenblumenöl
800 g Schweineschulter
2 EL Paprikapulver edelsüß
1 TL Paprikapulver rosen-
  scharf
Salz, Pfeffer
1 EL getrockneter Majoran
1 TL gemahlener Kümmel
1 EL mittelscharfer Senf
3 EL Tafelessig
800 ml Gemüsebrühe
300 g Langkornreis
1 rote Paprikaschote
2 frische Knoblauchzehen

SALSA
1 rote & 1 grüne Chilischote
1 Schalotte
40 ml Apfel-Balsamessig
2 TL Honig
30 ml Kürbiskernöl

SALAT
5 EL Tafelessig
Salz, Pfeffer, 25 g Zucker
4 EL Sonnenblumenöl
1 Kopfsalat
4 EL Schnittlauch

1 Zwiebeln fein würfeln. 2 EL Schmalz und 2 EL Öl in einem Bräter oder Topf erhitzen. Zwiebeln darin bei mittlerer Hitze etwa 45 Minuten langsam goldbraun braten. Dabei öfter umrühren.

2 Fleisch in ca. 2 cm große Würfel schneiden. Wenn die Zwiebeln braun sind, beide Paprikapulver zugeben und kurz anrösten. Fleisch untermischen, mit Salz, Pfeffer, Majoran und Kümmel würzen und kurz anrösten. Senf und 3 EL Essig zugeben und offen vollständig einkochen lassen.

3 Fleisch-Zwiebel-Mischung erneut leicht anrösten. Brühe zugeben, aufkochen und zugedeckt bei niedriger bis mittlerer Hitze 1 bis 1 ¼ Stunden schmoren, bis das Fleisch weich ist.

4 Fleisch abgießen, den Sud auffangen. Sud im Bräter erneut aufkochen. Reis zugeben und zugedeckt bei niedriger Hitze 15 Minuten quellen lassen.

5 Paprikaschote putzen und sehr fein würfeln. Knoblauch fein hacken, beides in ½ EL Schweineschmalz anbraten. Mit dem Fleisch nach 15 Minuten zum Reis geben, kurz aufkochen. Dann zugedeckt bei sehr niedriger Hitze weitere 10 Minuten garen.

6 Inzwischen für die Salsa die Chilis entkernen und in feine Halbringe schneiden. Schalotte fein würfeln. Beides in ½ EL Schmalz anbraten. Mit dem Apfel-Balsamessig, Honig und Kürbiskernöl ablöschen, gut verrühren, salzen und beiseitestellen.

7 Für den Salat den Tafelessig, etwas Salz, Pfeffer, Zucker und 3 EL Wasser verrühren, bis der Zucker gelöst ist. 4 EL Öl unterschlagen. Kopfsalat putzen, waschen und trockenschleudern.

8 Schnittlauch in Röllchen schneiden. Salat, Vinaigrette und Schnittlauch mischen, mit der Salsa und restlichem Parmesan zum Reisfleisch servieren.

Zubereitungszeit: 3 Stunden

KASTANIEN-SELLERIE-SUPPE

Diese Suppe gehört zum Menü, das ich gemeinsam mit dem Berliner Tim im Weihnachtsduell gegen Roland Trettl und Peter Maria Schurr 2018 in Goldegg nachzukochen versuche. Oma Karola, Papa Sepp, Sohn Felix – alle drei Schellhorn-Generationen steuern etwas zur Challenge in ihrem urgemütlichen »Seehof« bei. Für die Suppe verantwortlich ist Sepp Schellhorn. Sie überzeugt so sehr, dass Mister Kitchen Impossible in ihm einen würdigen Gegner für die Zukunft sieht.

ZUTATEN
(für 4 Personen)

2 Zwiebeln
1 Sellerieknolle (600 g)
1 Stange Staudensellerie
200 g Maroni (Esskastanie)
1 EL Butter
2 EL Olivenöl
200 ml roter Portwein
200 ml Madeira
1,5 l Gemüsefond
300 ml Schlagsahne
Salz
Pfeffer
1–2 EL Zitronensaft
Thymian
4 Stiele glatte Petersilie
1 Handvoll Staudensellerieblättchen

1 Zwiebeln würfeln. Sellerieknolle schälen und grob würfeln. Selleriestange würfeln. Maroni schälen.

2 Butter und Öl in einem Topf erhitzen. Zwiebeln, Knollen- und Staudensellerie darin glasig dünsten. Kastanien kurz mitdünsten. Mit Portwein und Madeira ablöschen und fast vollständig einkochen lassen. Gemüsefond zugießen, aufkochen lassen und bei mittlerer Hitze 1 Stunde köcheln.

3 Schlagsahne zugeben und 30 Minuten weiterköcheln. Mit dem Schneidstab fein pürieren, nach Bedarf noch etwas Gemüsefond zugießen. Mit Salz, Pfeffer und Zitronensaft abschmecken. Thymianblättchen von den Stielen zupfen, fein hacken und zur Suppe geben.

4 Petersilienblättchen und Staudensellerieblättchen von den Stielen zupfen und die Suppe damit anrichten.

Zubereitungszeit: 30 Minuten + 1 Stunde 30 Minuten Garzeit

SALZBURGER NOCKERLN

ZUTATEN
(für 2 Portionen)

1 EL weiche Butter
1 EL Vanillezucker
6 EL Milch
5 Eiweiß (M)
1 Prise Salz
4 EL Kristallzucker
3 Eigelbe (M)
1 Bio-Zitrone
3 EL griffiges Mehl (ersatzweise Mehl Type 550)
1 EL Puderzucker

**FLECHTEN-
PREISELBEEREN**

3 Flechten
1/8 l Gebirgswermut
250 g frische Preiselbeeren
125 g Kristallzucker

1 Den Backofen auf 220 °C (Umluft 200 °C) vorheizen.

2 Eine ofenfeste Form (30 x 15 x 4 cm) mit Butter ausstreichen. Vanillezucker einstreuen und Milch zugeben. Im vorgeheizten Ofen auf der mittleren Schiene in etwa 10 Minuten leicht karamellisieren lassen.

3 Eiweiß mit Salz und Zucker zu einem cremigen Schnee schlagen, bis der Eischnee Spitzen bildet. Eigelb mit einer Gabel verquirlen.

4 Die Hälfte der Zitronenschale abreiben. Mehl auf den Eischnee sieben, Zitronenabrieb und Eigelb zugeben und unter den Schnee heben. Dabei nur zwei- oder dreimal kräftig umrühren. Aus der Masse 3 große Nockerl formen und in die karamellisierte Porzellanform setzen. Auf der mittleren Schiene ca. 8 Minuten im Ofen backen.

5 Aus dem Ofen nehmen, mit Puderzucker bestreuen und mit den Flechtenpreiselbeeren oder mit Wildpreiselbeeren aus dem Glas sofort servieren.

Zubereitungszeit: 40 Minuten

FLECHTENPREISELBEEREN

1 Flechten mit kaltem Wasser bedecken, aufkochen und 1 Stunde köcheln lassen. Wasser abgießen, Flechten mit Gebirgswermut mischen.

2 Preiselbeeren verlesen. Den Zucker in einen Topf geben, mit wenig Wasser verrühren, aufkochen und unter mehrmaligem Schwenken zu Sirupkonsistenz einkochen. Preiselbeeren hinzufügen, einmal aufkochen und 2 EL Flechtenmark unterrühren (das gibt dem Ganzen einen herben Waldbodengeschmack).

Zubereitungszeit: 1 Stunde 30 Minuten

GRAMMELKNÖDEL

ZUTATEN
(für 4 Personen)

GRAMMELN
1 kg fetter Rückenspeck
   vom Schwein
1 Knoblauchzehe
Salz
Pfeffer
2 TL Paprikapulver edelsüß
½ TL Paprikapulver rosen-
   scharf
½ TL gemahlener Kümmel
2 TL frischer Majoran,
   gehackt (ersatzweise ½ TL
   getrockneter Majoran)

KARTOFFELTEIG
500 g Kartoffeln (mehlig-
kochend)
Salz
150 g Mehl (Type 405)
70 g Hartweizengrieß
70 g Kartoffelstärke
80 g Eigelb (von ca.
   4 Eiern, M)
70 g Butter, zerlassen
Pfeffer
Muskat
4 EL Schnittlauchröllchen

VELTINERKRAUT
1,2 kg Weißkohl

1 Für die Grammeln den Speck (ohne die Schwarte) in 1 cm große Würfel schneiden. In einen Topf geben und langsam bei mittlerer Hitze anbraten. Würfel dann im eigenen Fett knusprig hellbraun braten. Das dauert etwa 30 bis 40 Minuten. Alle 4 bis 5 Minuten gut umrühren, damit die Grammeln gleichmäßig bräunen. Grammeln am Ende der Garzeit durch ein Sieb abgießen, das Fett dabei auffangen.

2 Knoblauch fein hacken, in einem Topf in 5 EL vom aufgefangenen Fett andünsten. Mit etwas Salz, Pfeffer, Paprikapulver, Kümmel und Majoran würzen, mit den Grammeln mischen und kaltstellen. Abgekühlte Masse zu 16 Kugeln formen.

3 Für den Kartoffelteig die Kartoffeln schälen und vierteln. In Salzwasser bei mittlerer Hitze 25 Minuten garen. Kartoffeln abgießen und im offenen Topf ausdampfen lassen. Durch eine Kartoffelpresse drücken und abkühlen lassen.

4 Für das Kraut den Weißkohl putzen, vierteln und den Strunk entfernen. Viertel in sehr dünne Streifen schneiden. Schmalz in einer großen Pfanne zerlassen, Kraut darin kräftig anrösten. Mit etwas Salz, 1 TL Zucker, Paprikapulver und Kümmel würzen und kurz anrösten. Mit Weißwein und 150 ml Wasser ablöschen und zugedeckt bei mittlerer Hitze 20 Minuten bissfest garen. Dann beiseitestellen.

5 Für den Kartoffelteig die abgekühlte Kartoffelmasse mit Mehl, Grieß, Stärke, Eigelb, Butter, etwas Salz, Pfeffer und Muskat zu einem glatten Teig verkneten. Teig in 16 gleich große Portionen teilen. Jede Portion auf der Hand flach drücken, je eine Grammelkugel daraufsetzen. Teig über der Kugel zusammenfassen und die Masse zu einem Knödel formen.

6 Einen großen Topf mit gesalzenem Wasser zum Kochen bringen. Knödel hineingeben, einmal kurz aufkochen lassen, dann offen bei niedriger Hitze 15 bis 20 Minuten garziehen lassen.

7 Währenddessen für den Jus Zwiebel fein würfeln. Öl erhitzen und die Zwiebel darin anrösten. Tomatenmark kurz mit anrösten. Mit 100 ml

3 EL Butterschmalz

1 EL Entenschmalz

Salz

1–2 TL Zucker

2 TL Paprikapulver edelsüß

1 TL Kümmelsaat

200 ml Weißwein (am
   besten grüner Veltliner)

JUS

1 Zwiebel

2 EL Öl

1 EL Tomatenmark

200 ml Rotwein

500 ml Kalbsfond

20 g eiskalte Butter

Salz, Pfeffer

Rotwein ablöschen und offen fast vollständig einkochen lassen. Erneut mit Rotwein ablöschen und nochmals einkochen lassen. Dann mit dem Fond auffüllen, aufkochen und offen 8 bis 10 Minuten einkochen lassen. Eiskalte Butter in Würfel schneiden, einrühren und nicht mehr kochen lassen. Mit Salz und Pfeffer würzen.

8 Kraut erwärmen und nachwürzen. Knödel mit einer Schaumkelle herausheben, gut abtropfen und auf dem Kraut anrichten. Etwas Jus darüber geben, mit Schnittlauch bestreut servieren.

Zubereitungszeit: 2 Stunden + Kühlzeit

TIPP: Das aufgefangene Fett der Grammeln lässt sich heiß in Twist-off-Gläser füllen. Diese fest verschließen. Schmalz abkühlen lassen und im Kühlschrank lagern.

»STEIRISCHE JACOBSMUSCHELN«
MIT EUTER, KOHLRABI-WAN-TAN UND WIESENKRÄUTERN

ZUTATEN
(für 4-6 Personen)

KUHEUTER
1 Kuh-Euter (1 kg)
5 Knoblauchzehen
Salz
180 ml Apfelessig
4 Lorbeerblätter
3 Pimentkörner
5 Wacholderbeeren
1 Stiel Liebstöckel
2 Möhren
2 Petersilienwurzeln
2 Stangen Staudensellerie
200 g Butterschmalz
100 g Mehl
1 Ei (M)
100 g Semmelbrösel

KALBSSCHLEPP-FOND
3-4 Stk. Kalbsschlepp
  (Kalbsschwanz)
Salz
Pfeffer
60 g Butter
2 Möhren
2 Stangen Staudensellerie
2 Zwiebeln
1 EL Tomatenmark
2 l Wermut
200 g Kalbsknochen
1 Stiel Thymian

KUHEUTER
1   Euter 1 bis 2 Stunden in kaltem Wasser wässern.
2   Die Knoblauchzehen schälen. In einem Topf reichlich Salzwasser mit Essig, Knoblauch, Gewürzen und Euter langsam aufkochen. Trübstoffe vorsichtig abschöpfen. 2 Stunden leicht köcheln lassen.
3   Wurzelgemüse schälen, mit dem Sellerie grob würfeln. Nach 2 Stunden in die Brühe geben und noch 1 Stunde kochen lassen.
4   Das Euter herausheben und in kaltem Wasser auskühlen lassen. Euter in 2 cm große Würfel schneiden, trockentupfen.
5   Butterschmalz in einer Pfanne erhitzen. Die Euterwürfel nacheinander in Mehl, verquirltem Ei und Bröseln panieren und in heißem Butterschmalz knusprig backen. Heiß servieren.

Zubereitungszeit: 5 Stunden

KALBSSCHLEPP-FOND
1   Schlepp in Scheiben schneiden. Mit Salz und Pfeffer würzen. 30 g Butter in einem großen Topf erhitzen und das Fleisch darin rundum anbraten. Möhren, Staudensellerie und Zwiebeln in Stücke schneiden und dazugeben, Tomatenmark kurz mitrösten. Mit ½ l Wermut ablöschen, einkochen lassen, dann mit 1 ¼ l Wermut und 2 l Wasser bedecken und aufkochen.
2   Währenddessen den Backofen auf 220 °C (Umluft 200 °C) vorheizen.
3   Kalbsknochen auf ein Blech geben und im heißen Ofen auf der mittleren Schiene 20 Minuten rösten. Kalbsknochen aus dem Ofen und in den Fond geben. Aufkochen und den aufsteigenden Schaum abschöpfen.
4   Kräuter, Gewürze und Knoblauch zugeben und mit Backpapier abgedeckt rund 2 Stunden schmoren. Dann das Fleisch aus dem Fond heben, mit Klarsichtfolie abdecken und beiseitestellen. Fond durch ein Sieb gießen.
5   Schalotten fein würfeln und in 30 g Butter anschwitzen. Mit Verjus und dem restlichen Wermut ablöschen. Mit Kalbsfond aufgießen und offen bei hoher Hitze stark reduzieren.

Zubereitungszeit: 3 Stunden 30 Minuten

1 Zweig Rosmarin
1 Gewürznelke
10 schwarze Pfefferkörner
2 Knoblauchzehen
5 Schalotten
100 ml Verjus

STIERHODEN

5 Stierhoden
Salz
Pfeffer
60 g Butter
4 Stiele Thymian
eingelegte Senfkörner

KOHLRABI-WAN-TAN

3 Kohlrabi
Salz
1 Bio-Zitrone
100 g Sahnejoghurt
Ras el-Hanout (afrikanische
    Gewürzmischung)

BUNTE RADIESCHEN

2 Bund bunte Radieschen
4 EL Butter
Salz
2 Stiele Zitronenthymian
3 EL Verjus
Wildkräuter (Giersch,
    Schafgarbe, Vogelmiere)
1 TL Kümmelsaat
abgeriebene Schale von
    ½ Bio-Zitrone

STIERHODEN

1 Die Stierhoden häuten und halbieren. In 1 cm dünne Scheiben schneiden und rundherum mit Salz und Pfeffer würzen.

2 30 g Butter in einer Pfanne erhitzen. Scheiben darin auf jeder Seite ca. 1 Minute braten, dann auf Küchenpapier ruhen lassen – sie sollen innen noch glasig sein.

3 Kurz vorm Servieren die restliche Butter erhitzen. Scheiben darin mit dem Thymian kurz braten, mit den Senfkörnern würzen und heiß servieren.

Zubereitungszeit: 30 Minuten

KOHLRABI-WAN-TAN

1 Kohlrabi schälen und die inneren, feinen Blätter beiseitelegen. 100 g fein würfeln, beiseitestellen. Den Rest in 40 dünne Scheiben hobeln, mit Salz bestreuen und 15 Minuten stehen lassen.

2 Von der Zitrone 1 TL Schale abreiben (den Rest anderweitig verwenden). Feine Kohlrabiwürfel mit Joghurt, Zitronenschale und etwas Salz mischen. 1 Stunde durchziehen lassen. Die Kohlrabiblätter hacken und dazugeben.

3 Kohlrabischeiben trockentupfen, mit Ras el-Hanout würzen. Joghurtmasse auf die Scheiben geben und zu Wan-Tan-Taschen formen.

4 Zu den »Jacobsmuscheln« servieren.

Zubereitungszeit: 30 Minuten + 1 Stunde Ziehzeit

BUNTE RADIESCHEN

1 Radieschen putzen und je nach Größe ganz lassen oder halbieren.

2 In einer Pfanne die Butter aufschäumen. Die Radieschen darin 3 bis 5 Minuten langsam schmoren. Salzen. Thymian und Verjus dazugeben und kurz reduzieren.

3 Mit Wildkräutern, Kümmelsaat und Zitronenschale anrichten.

Zubereitungszeit: 20 Minuten

»JE SUIS GOTT IN FRANKREICH.«

FRANKREICH

Mein kulinarisches Frankreich-Bild hat sich durch Kitchen Impossible radikal verändert. Arrogant, weltverschlossen und elitär, so nahm ich meine französischen Kochkollegen lange wahr. Halten ihre eigene Küche für das Nonplusultra. Bilden sich was darauf ein, dass der Guide Michelin in ihrem Land herausgegeben wird. Wahres Essen ist nur, was kompliziert ist und aus mehreren Gängen besteht. Was für ein Bullshit!

Der Absolutheitsanspruch, mit denen die Kollegen in meinen Augen auftraten, sorgte bei mir dafür, dass ich oft per se ablehnte, was sie zubereiteten. Natürlich ein gefundenes Fressen für meine Gegner, die mich gerade deshalb immer wieder nach Frankreich schicken.

Die sechs Challenges, denen ich mich stellen muss, führen allerdings nicht dazu, dass meine Ablehnung wächst – obwohl sie mich schon auch überfordern. Im Gegenteil, ich lerne die französische Küche richtig schätzen. Weil die Köche, deren Gerichte ich nachzukochen versuche, mir so komplett anders begegnen, als es meinen Erfahrungen entspricht: mit offenen Armen und Herzen. Eine neue Generation, immer noch traditionsbewusst, aber nicht verbohrt. Sie sind sehr kommunikativ, sehr verbindlich und haben es geschafft, mich für ihre Küche zu begeistern.

Das größte Kompliment ist vielleicht, dass ich nach meinen zwei ersten Challenges in Frankreich auch meine Gegner dorthin reisen lasse. Die Anerkennung, dass ohne viel Gehabe auch die Leidenschaft hinter französischem Essen sehr entdeckenswert ist.

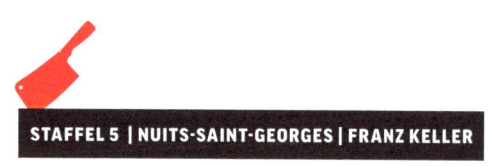

BŒUF BOURGUIGNON

Einen Franz Keller Bœuf Bourguignon kochen lassen? Das kann ein Schüler vom großen Paul Bocuse doch wohl im Schlaf, oder? Denkste! Nicht, wenn er sich seiner Sache zu sicher ist, zwischendrin an einer Weinprobe teilnimmt, und das zu kopierende Original so extraordinaire ist wie im »La Caotte« in Nuits-Saint-Georges. Man muss dem guten Franz aber zugutehalten, dass er beneidenswert lässig gescheitert ist.

ZUTATEN
(für 4 Personen)

1 kg Rindfleisch aus der Schulter
2 Möhren
½ Stange Lauch
2 Zwiebeln
4 EL Butterschmalz
Salz
1 EL Mehl
350 ml Burgunderwein
300 ml Rinderfond
2 Lorbeerblätter
150 g Perlzwiebeln
1 EL Zucker
200 g Champignons
150 g durchwachsener Speck
Pfeffer
4 Stiele glatte Petersilie

1 Fleisch in 4 cm große Stücke schneiden. Möhren schälen, Lauch putzen und gründlich waschen. Beides in grobe Stücke schneiden. Zwiebeln in 2 cm breite Spalten schneiden.

2 2 EL Butterschmalz in einem großen Topf erhitzen. Fleisch salzen und rundum hellbraun anbraten. Möhren, Lauch und Zwiebeln 5 Minuten mitbraten. Mit Mehl bestäuben und unterrühren. Rotwein zugießen und aufkochen, dann den Rinderfond zugießen. Lorbeerblätter zugeben. Aufkochen und zugedeckt bei niedriger bis mittlerer Hitze 3 bis 4 Stunden schmoren, bis das Fleisch zart ist.

3 Ungeschälte Perlzwiebeln in einer Schüssel mit kochendem Wasser übergießen. 15 Minuten ziehen lassen, dann pellen.

4 Zucker in einem Topf schmelzen, 1 EL Butterschmalz und die Perlzwiebeln zugeben und hellbraun karamellisieren.

5 Champignons putzen und vierteln. Speck in 1 cm dicke Streifen schneiden. Speck in einer Pfanne in 1 EL Butterschmalz hellbraun anbraten, Champignons zugeben und mitbraten.

6 Grobe Möhrenstücke und Lauch vom Fleisch entfernen. Champignon-Speck-Mischung und Perlzwiebeln zugeben und 10 Minuten mitschmoren. Mit Salz und Pfeffer abschmecken.

7 Petersilienblätter abzupfen. Mit den Blättern garniert servieren. Dazu Kartoffelpüree reichen (siehe nächste Seite).

Zubereitungszeit: 30 Minuten + 4 Stunden Garzeit

KARTOFFELPÜREE

ZUTATEN
(für 4–6 Personen)

1 kg Kartoffeln (mehlig-
    kochend)
Salz
150–200 ml Milch
600 g zimmerwarme Butter
    (am besten Beurre de
    Bresse)

1 Kartoffeln in einem Topf mit kaltem Wasser bedecken, salzen, aufkochen und zugedeckt bei mittlerer Hitze 25 bis 30 Minuten (je nach Größe) weichkochen.

2 Kartoffeln abgießen und noch heiß pellen. Sofort durch ein feines Sieb streichen.

3 Milch in einem Topf erwärmen. Butter in Stücke schneiden, mit den Kartoffeln und etwas Salz in eine Schüssel geben und mit den Quirlen des Handrührgerätes auf niedriger Stufe verrühren. Dabei nach und nach die Milch unterrühren, bis eine cremige Konsistenz entsteht.

4 Nach Bedarf erneut durch das Sieb streichen und servieren.

Zubereitungszeit: 1 Stunde

**»IN DIESEM
KARTOFFELPÜREE
MÖCHTE ICH
BEERDIGT WERDEN.«**

HIMBEERKONFITÜRE

Eine von drei Marmeladen, die Maria Groß 2017 im nordöstlichen Frankreich nachkocht. Die Originalköchin ist Christine Ferber, die Marmeladen-Königin schlechthin, zu deren Fans Kulinarik-Größen wie Alain Ducasse zählen. Meine Rache für den Bandscheibenvorfall, den ich mir beim ersten Duell mit Maria zugezogen habe. Logisch, dass sie bei Bullenhitze raus aufs Feld muss, um die Früchte zu pflücken.

ZUTATEN

(für 3 bis 4 Gläser à 250 ml)

500 g Himbeeren
½ Zitrone
400 g Kristallzucker
4 cl Kirschwasser

TIPP: Lecker zu kleinen Madeleines. Die Konfitüre ist übrigens etwas flüssiger als gewohnt, da kein Geliermittel zugefügt wird.

1 Himbeeren verlesen, aber möglichst nicht waschen, sonst verlieren sie ihr Aroma.

2 1 kleinen Teller ins Tiefkühlfach stellen. Die Zitrone auspressen.

3 Himbeeren, Zucker und Zitronensaft in einem großen Topf mischen und unter gelegentlichem Rühren aufkochen. Bei starker Hitze unter ständigem Rühren 5 bis 10 Minuten kochen. Eine kleine Menge der Konfitüre auf den kaltgestellten Teller geben. Wenn die Konfitüre darauf leicht geliert, dann ist sie lange genug gekocht. Andernfalls noch einige Minuten weiterkochen.

4 Den entstandenen Schaum vorsichtig abschöpfen. Kirschwasser unterrühren und die Konfitüre sofort in saubere Gläser mit Schraubverschluss füllen. Fest verschließen.

Zubereitungszeit: 30 Minuten

CRÊPES SUZETTE

Zu diesem Rezept muss man sich eine kleine gelbe Stoppuhr dazudenken. Eine der wenigen Challenges, bei denen eine Zeitvorgabe gilt. Genau zweieinhalb Stunden habe ich in Nancy für einen der irrsten Klassiker der französischen Küche, bei dem so viele kleine Dinge beachtet werden müssen. Für Einkauf, Vorbereitung und Zubereitung direkt am Platz in einer Pfanne. Pieppieppiep, geschafft. Sieben Punkte. Meine spontane Selbsteinschätzung vor Ort: »Je suis Gott in Frankreich.«

ZUTATEN
(für 4 Personen)

150 g Mehl
1 Prise Salz
20 g Zucker
4 Eier (M)
300 ml Milch
Mark von 1 Vanilleschote
100 g Butter
1 Bio-Orange
1 Bio-Zitrone
8 Zuckerwürfel
3 cl Cognac
10 cl Grand Marnier

1 Mehl, Salz, Zucker, Eier, Milch und Vanille zu einem glatten Teig verrühren. Durch ein Sieb geben und Teig 1 Stunde ruhen lassen.

2 50 g Butter in einem kleinen Topf zerlassen und erwärmen, bis sie goldbraun ist.

3 Eine heiße Pfanne mit der gebräunten Butter einfetten. Etwas Crêpeteig in die Pfanne geben, schräg halten und verlaufen lassen. Auf jeder Seite etwa 30 bis 60 Sekunden backen, bis sie leicht goldbraun sind. So alle 4 bis 5 Crêpes backen.

4 Zitrusfrüchte abwaschen und die Zuckerwürfel auf ihnen abreiben. Früchte aufschneiden. 100 ml Orangensaft und 50 ml Zitronensaft auspressen.

5 50 g Butter in einer Pfanne schmelzen und die Zuckerwürfel in die Pfanne geben, das Ganze karamellisieren lassen. Mit Zitronensaft und Orangensaft ablöschen und aufkochen, bis der Karamell gelöst ist. Die Crêpes nacheinander in den Karamellsud legen und einweichen, dann zusammenklappen.

6 Cognac und Grand Marnier hinzufügen. Flambieren und heiß servieren.

Zubereitungszeit: 40 Minuten + Ruhezeit

»OHNE ENGLAND WÜR-
DE ES MICH NICHT ALS
DEN KOCH GEBEN, DER
ICH HEUTE BIN.«

ENGLAND

O hne England ist Kitchen Impossible schwer vorstellbar. Ohne England würde es mich nicht als den Koch geben, der ich heute bin. Und das würde nun mal bedeuten, dass diese kulinarische Abenteuerreise komplett anders aussähe. Zweieinhalb Jahre habe ich Mitte der Neunziger nach meiner Ausbildung in Hamburg in London gelebt. Für mich die entscheidende Zeit für mein Verständnis von Kulinarik. An der Themse habe ich erkannt, dass gutes Essen für mich nicht Perfektion, sondern Emotion bedeutet. Dass es nicht vordergründig darauf ankommt, wie kunstvoll ein Teller angerichtet ist, sondern wie er schmeckt. Eine Erkenntnis, ohne die es mich heute wohl kaum reizen würde, mich mit Köchen zu messen, die gewöhnlich in einer Welt unterwegs sind, in der sich Essen an einer Sterne-Skala bemisst.

Ausgangspunkt ist die Küche von Gennaro Contaldo, in dessen Neal Street Restaurant ich zusammen mit Jamie Oliver arbeite. Als ich hier anfange, ist mir die Lust am Kochen vergangen. Ich habe sie im feinen Ritz Hotel verloren, wo ich perfektes, aber leidenschaftsloses Essen zubereitete. Als ich London verlasse, bin ich vollgepumpt mit Energie.

Wenn in England eine Challenge stattfindet, ist das für mich also immer eine besonders emotionale Angelegenheit. Sie führt in ein Land, mit dem ich mich kulinarisch intensiv auseinandergesetzt habe. Ich bewundere die englische Küche für Gerichte wie Fish and Chips. Gleichzeitig bin ich dankbar dafür, dass das Anspruchsdenken in Bezug auf Essen hier lange Zeit, nun ja, nicht gerade stark ausgeprägt war. Das hat Kochgenies von außerhalb den Raum gegeben, sich zu entfalten und wirklich etwas auszulösen.

So wie Gennaro, meinen großen Lehrmeister, der ursprünglich aus Italien stammt, und zu dem nach Hause ich in Staffel 5 meine Gegnerin Haya Molcho schicke, um Cotechino nachzukochen. Ein absolutes Highlight!

FISH & CHIPS

»Bei Fish and Chips denken die meisten Leute an frittierten Wichs. Wenn es so geil gemacht ist, ist es aber genial wie Saltimbocca.«

ZUTATEN
(für 4 Personen)

FISH&CHIPS

850 g große Kartoffeln (mehligkochend)

2 kg Rinderschmalz (ersatzweise 2 l Frittieröl)

180 g Mehl

1 ½ TL Backpulver

Salz

1 EL Essig

4 Fischfilets à 200 g (Kabeljau oder Schellfisch), ohne Haut und Gräten

SAUCE TARTARE

50 g Gewürzgurken

50 g Kapern

½ Bund Petersilie

½ Bund Schnittlauch

½ TL Senf

250 g Mayonnaise

1–2 TL Zitronensaft

Salz

MUSHY PEAS

250 g getrocknete Schälerbsen

½ TL Natron

Salz

Zucker

1 Kartoffeln schälen und längs in ca. 1,5 cm dicke Stifte schneiden.

2 Fett in einem großen Topf oder einer Fritteuse auf 120 °C erhitzen. Kartoffelstifte darin 10 Minuten vorfrittieren. Aus dem Fett nehmen und auf Küchenpapier abtropfen lassen.

3 Backofen auf 160 °C vorheizen.

4 Mehl mit Backpulver und ½ TL Salz mischen. 500 ml Wasser nach und nach einrühren. Essig unterrühren.

5 Frittierfett auf 175 °C erhitzen.

6 Fischfilets salzen, nacheinander durch den Teig ziehen, kurz abtropfen lassen und im heißen Fett etwa 4 Minuten goldbraun frittieren. Abtropfen lassen und auf einem Rost im heißen Ofen warmhalten.

7 Kartoffeln im 175 °C heißen Fett 3 bis 4 Minuten fertig frittieren. Abtropfen lassen und mit Salz würzen.

8 Mit Sauce Tartare und Mushy Peas servieren.

Zubereitungszeit: insgesamt ca. 1 Stunde 45 Minuten

SAUCE TARTARE

1 Gurken, Kapern, Petersilienblättchen und Schnittlauch fein hacken.

2 Mit Senf und Mayonnaise verrühren und mit Zitronensaft und Salz würzen.

Zubereitungszeit: 10 Minuten

MUSHY PEAS

1 Erbsen in einer Schüssel mit reichlich kaltem Wasser bedecken und mindestens 2 Stunden einweichen.

2 Erbsen mit dem Einweichwasser in einen Topf geben, mit Natron, Salz und etwas Zucker würzen. Aufkochen und in etwa 30 Minuten weichkochen.

3 Kochwasser abgießen und auffangen. Erbsen mit dem Schneidstab grob pürieren. Bei Bedarf etwas Kochwasser zugießen, sobald das Püree zu fest wird. Mit Salz abschmecken.

Zubereitungszeit: 45 Minuten + Einweichzeit

COTECHINO

ZUTATEN
(für 4 Personen)

200 g Mehl Type 0 (ersatzweise Type 405) + etwas
zum Ausrollen

3 Eier (L)

Salz

300 g Cotechino (italienische Rohwurst, ersatz-
weise ungebrühte
Salsiccia)

150 g Kartoffeln (mehlig-
kochend)

100 g Ricotta

50 g geriebener Parmesan

Pfeffer

1 Zwiebel

1 Knoblauchzehe

1 Möhre

1 Stange Staudensellerie

1 Lorbeerblatt

8 EL Olivenöl

180 g Berglinsen

1 l Gemüsebrühe

2 Zweige Rosmarin

1 Stiel Salbei

1. Mehl, 2 Eier und 1 Prise Salz zu einem glatten Teig verkneten. In Frisch-haltefolie verpackt 30 Minuten kaltstellen.

2. Währenddessen einen Topf mit leicht gesalzenem Wasser zum Simmern bringen. Cotechino darin 35 Minuten (Salsiccia 10 Minuten) ziehen lassen.

3. Kartoffeln mit Wasser bedeckt aufkochen und etwa 20 Minuten weich-garen.

4. Kartoffeln pellen und auf einem Teller mit einer Gabel fein zerdrücken. Wurst pellen. Die Hälfte der Wurst in Scheiben schneiden und hacken. Mit Kartoffeln, Ricotta und 20 g Parmesan mischen. Mit Salz und Pfeffer abschmecken.

5. Zwiebel und Knoblauch fein würfeln. Möhre schälen. Möhre und Stau-densellerie klein würfeln. Zwiebel, Möhre, Sellerie, Knoblauch und Lorbeerblatt in 4 EL Olivenöl glasig dünsten. Linsen zugeben und kurz mitdünsten. Gemüsebrühe zugießen und pfeffern. Aufkochen und offen bei mittlerer Hitze etwa 30 Minuten weich kochen.

6. 1 Ei verquirlen. Nudelteig am besten mit der Nudelmaschine ca. 1 mm dünn ausrollen. Teig in 6,5 x 6,5 cm große Quadrate schneiden. Mit dem Ei dünn bepinseln. Mittig je ½ gehäuften TL der Kartoffelmasse setzen. Quadrate erst zu Dreiecken zusammenkleben, dann zu Tortellini formen und die Ecken zusammendrücken.

7. Einen großen Topf mit Wasser zum Kochen bringen. Salzen und die ge-füllten Nudeln darin bei mittlerer Hitze 4 Minuten garen.

8. 4 EL Olivenöl in einer Pfanne erhitzen, Salbei und Rosmarin darin an-dünsten. Die Linsen-Gemüse-Mischung mit etwas Cotechino-Kochbrühe zugeben und mit Salz und Pfeffer abschmecken.

9. Nudeln aus dem Wasser heben und unter die Linsen mischen. Restliche Cotechino in Scheiben schneiden. Linsen mit Nudeln und Wurstscheiben anrichten und mit Parmesan bestreut servieren.

Zubereitungszeit: 2 Stunden

TSCHECHIEN

Osteuropa zu erkunden ist schwer angesagt. Besonders eher jüngere, urbanere Menschen hierzulande träumen davon, mit dem selbst ausgebauten Bus über den Balkan zu cruisen. Verständlicherweise, wie sich nach sieben Jahren Kitchen Impossible sagen lässt. Obwohl Länder wie Bosnien und Herzegowina, Montenegro oder Albanien zu Europa gehören, wissen die meisten von uns immer noch viel zu wenig über sie.

Was dabei jedoch oft vergessen wird, ist der Raum zwischen ihnen und uns, gewissermaßen der ganz nahe Osten. Länder wie Slowenien, Polen oder eben Tschechien. Mal ehrlich, wem fällt zu Tschechien, abgesehen von ein paar Klischees, viel ein? Prag? Eher ein beliebtes Ziel für Sauftouren als für kulinarische Entdeckungsreisen. Und damit wie gemacht für Kitchen Impossible!

Es geht ja von Anfang an nicht nur darum, sich in Hotspots gegenseitig vor Herausforderungen zu stellen. Mindestens genauso reizvoll sind die Gebiete zwischen ihnen. Länder, in die wir Köche mit an Arroganz grenzendem Halbwissen reisen. So wie nach Tschechien, wohin mich Maria Groß schickt, und wo ich mich in Sicherheit wiege, weil ich fest von einer fleischlastigen Knödelküche ausgehe. Tja, und dann eine Box öffne, in der sich feinster Apfelstrudel mit Vanillesauce von Iveta Fabešová befindet. Geschieht mir sehr recht, dass sie jeden meiner Arbeitsschritte in ihrer gläsernen Konditorei süffisant lächelnd begleitet!

APFELSTRUDEL

ZUTATEN
(für 8–10 Stücke)

280 g Mehl + etwas zum
 Bearbeiten
1 Ei (M)
2 EL Öl
Salz
1,25 kg säuerliche Äpfel
2 EL Zitronensaft
1 TL gemahlener Zimt
40 g Zucker
50 g Sultaninen
2 EL brauner Rum
80 g Butter
30 g Semmelbrösel
50 g Mandelblättchen
2 EL Puderzucker
½ l Vanillesauce (aus dem
 Kühlregal)

1 Für den Teig Mehl in eine Schüssel geben, in die Mitte eine Mulde drücken. 100 ml warmes Wasser in einer Schüssel mit Ei, Öl und etwas Salz verrühren. Mischung in die Mulde geben und alles zu einem glatten, glänzenden Teig verkneten. In Folie gewickelt 30 Minuten ruhen lassen.

2 Für die Füllung die Äpfel schälen, vierteln, entkernen und in dünne Scheiben schneiden. In einer Schüssel mit Zitronensaft, Zimt und Zucker mischen. Sultaninen im Rum einweichen.

3 Teig auf einer bemehlten Fläche ausrollen, dann auf ein bemehltes Küchentuch geben und sehr dünn ausziehen.

4 Butter zerlassen und den Teig dünn mit ⅔ der Butter bestreichen, mit den Semmelbröseln bestreuen.

5 Äpfel mit Sultaninen und 30 g Mandelblättchen mischen, auf der unteren Teighälfte verteilen, dabei an den Seiten und an der unteren Kante einen 2 cm breiten Rand frei lassen. Seiten einklappen und Strudel mithilfe des Tuches aufrollen. Mit der übrigen Butter bestreichen und mit den restlichen Mandelblättchen bestreuen.

6 Backofen auf 200 °C (Umluft 180 °C) vorheizen.

7 Strudel auf ein Blech setzen und im heißen Ofen auf der zweiten Schiene von unten 40 Minuten backen. Warm in Stücke schneiden, mit Puderzucker bestäuben und mit Vanillesauce servieren.

Zubereitungszeit: 1 Stunde 45 Minuten

2 X MAROKKO

1 X KAP VERDEN

1 X GHANA

AFRIKA

n einem afrikanischen Land afrikanisches Essen nachkochen zu müssen ist vielleicht die größte Herausforderung, die es bei Kitchen Impossible geben kann. So ignorant es auch ist: Zu afrikanischem Essen fällt den meisten Europäern nicht viel ein. Asiatische und amerikanische Zubereitungsmethoden – halbwegs vertraut. Aber afrikanische?

Trotzdem haben erst vier Challenges auf dem afrikanischen Kontinent stattgefunden. Streng kulinarisch betrachtet sogar nur eine. Die Esskultur in Marokko und auf den Kapverdischen Inseln ist dann doch stark beeinflusst von außerhalb, beispielsweise durch die spanische, portugiesische oder orientalische Küche. Bleibt nur Ghana, wohin Drei-Sterne-Koch Christian Bau 2017 in Staffel 3 reist und an Erdnusssuppe mit Fufu verzweifelt.

ZU AFRIKANISCHEM ESSEN FÄLLT DEN MEISTEN EUROPÄERN NICHT VIEL EIN.

Der Grund dafür ist denkbar einfach: Um jemand anderen vor eine Aufgabe stellen zu können, muss man sie selbst durchdrungen haben. Was Köchinnen und Köche sich bei Kitchen Impossible gegenseitig zumuten, kommt nicht zufällig zustande, es ist gezielt ausgesucht. Und was Esskulturen in Afrika betrifft, mangelt es bisher stets auf beiden Seiten am nötigen Wissen, bei Herausfordernden und Herausgeforderten. Was noch nicht ist, kann ja aber noch werden. Kitchen Impossible ist schließlich erst sieben Jahre alt.

Dass ich den geschätzten Christian Bau nach Accra schicke, liegt vor allem daran, dass ich den Menschen mit ghanaischen Wurzeln vertraue, die mir immer wieder erzählt haben, dass es für einen darin ungeübten Koch unmöglich sei, ein wirklich gutes Fufu zuzubereiten.

3 MAL AFRIKA

Die vier einzigen Challenges in Afrika fanden statt in Marokko, Kap Verde und Ghana.

VIER

Köche treten in den ersten sechs Staffeln in einem afrikanischen Land an: Tim Raue, Roland Trettl, Christian Bau (Bild links) und Christoph Kunz.

FÜNF KOMMA NEUN

Der Punkteschnitt der vier Challenges.

10,8

5,7 Punkte bekommt Christian Bau in Accra für seine Erdnusssuppe mit Ziegenfleisch und Fufu. Zusammen mit seiner ersten Challenge in Köln kommt er damit auf 10,8 Punkte. Bäm! Exakt so viele wie ich. Das bisher einzige Remis in der Historie von Kitchen Impossible.

37

verschiedene Töne, Lautstärken und Rhythmen meint Tim Raue zu hören, während er auf dem größten Marktplatz von Marrakesch kocht. Der komplette Gegensatz zu seiner eigenen Küche zuhause in Berlin.

NEUN

Jahre alt ist Jakilin Sofia Andrade Leukel, als ihre Mutter ihr beibringt, Cachupa zu kochen. Als Roland Trettl 2017 bei ihr in der Küche steht, hat sie längst selbst eine Familie und bereitet das kapverdische Traditionsgericht seit mindestens 20 Jahren zu. Eine unschlagbar erfahrene Originalköchin und wahnsinnig nette Gastgeberin.

6

Händler fragt Christoph Kunz in Essaouira nach Algen für die zuzubereitende Mhancha und wird fast verrückt, weil es keine gibt. Kein Wunder! Was er beim Probieren der schneckenförmigen Pastete als Algen identifiziert hat, sind schwarze Champions. Ein Fehler, der ihm leider dann doch noch rechtzeitig bewusst wird.

NR.1

Jurybewertung: »Die Suppe ist sehr gut! Er hat die richtigen Zutaten benutzt, die richtigen Gewürze, und auch richtig gesalzen. Das Fleisch ist sehr zart.« Die Jury über Christian Baus Erdnusssuppe mit Ziegenfleisch in Accra. Zu blöd, dass auch sein Fufu bewertet wird! (Seite 134)

Selten wird die soziale Kleberfunktion von Essen so spürbar wie auf der kapverdischen Insel São Vicento. Gerade mal einen Tag ist Roland Trettl 2017 vor Ort, als er voller Überzeugung sagt: »Ich bin hier schon zuhause, ich habe neue Freunde gefunden.« Dabei ist er nur über die Märkte von Minelo spaziert, hat am Hafen frisch gefangene Thunfische bewundert und sich mit den Menschen auf Portugiesisch über ihre Essgewohnheiten unterhalten.

Vorm Scheitern in der Privatküche von Jakilin Sofia Andrade Leukel bewahrt ihn diese gefühlte Verbundenheit aber selbstredend nicht. Sein Cachupa, ein langsam gegarter Eintopf aus Bohnen, Mais, Fisch und Fleisch – nur irgendwie die richtige Richtung. Immerhin mit den zwei Nachtischen, einem Mango-Mousse und einer Keks-Creme, kann er etwas glänzen.

»Du wirst viel reisen und viel erleben. Du hast ein gutes Herz, aber du hast Probleme.« Diese Zukunft sagt eine Kartenleserin Tim Raue nach dessen Ankunft 2016 in Marokko voraus. Gute Frau! Sie scheint zu wissen, was ihn am nächsten Tag erwartet: eine Lamm-Tajine mit Couscous, die Tims Meinung nach in einem Sterne-Restaurant entstanden sein könnte, tatsächlich aber dem größten Markt von Marrakesch entstammt.

Zubereitet hat das Schmorgericht Fatima Namili über offenem Feuer an ihrem etwa vier Quadratmeter großen, von Gesängen und Gerüchen umwehten Stand. Ein Arbeitsplatz, der dem preußisch-strukturierten Herrn Raue mal so gar nicht behagt: »Für mich wars das mit Kitchen Impossible, ich breche ab!«

Mein Spiel ist es, Koryphäen vorzuführen, und nie bin ich damit so erfolgreich wie in Ghana. Drei Michelin-Sterne, Bundesverdienstkreuz, Koch des Jahres – Christian Bau hat so ziemlich alles erreicht. Meine Aufgabe für ihn in der Hauptstadt Accra: Erdnusssuppe mit Ziegenfleisch und Fufu mit Kochbananen. Er bekommt Produkte vorgesetzt, die er noch nie gesehen hat, irrt über den Markt und ist schon »nassgeschwitzt bis aufn Schlüpper«, als er mit Plastiktüten in der Hand in Francescas Restaurantküche ankommt, wo es so heiß ist, dass der Mixer in regelmäßigen Abständen vor der Hitze kapituliert.

Die Suppe gelingt ihm beachtlich gut, auf Maniok und Kochbananen prügelt er so lange mit einem Stampfer ein, bis seine Hände offen sind, und dennoch bleibt das Fufu klumpig.

Christians Fazit: »Ich hab Schlimmes erwartet und es ist definitiv schlimmer gekommen, aber hey, ich hab`s gepackt.« Respekt dafür!

1 X RUSSLAND

1 X USBEKISTAN

1 X ASERBAIDSCHAN

1 X CHINA

2 X ISRAEL

1 X THAILAND

2 X ARABISCHE EMIRATE

1 X VIETNAM

ASIEN

Bratnudeln mit Hühnchen. Sushi. Thai Curry. Sommerrollen. Kimchi. So ziemlich jedem und jeder hierzulande fallen innerhalb von Sekunden mehrere asiatische Gerichte ein. Längst Alltag. Dennoch ist den meisten von uns Asien kulinarisch kaum vertraut. Was wir zu kennen meinen, hat a) selten etwas mit der Originalküche zu tun und ist b) meistens nur ein kleiner kulinarischer Ausschnitt des größten aller Kontinente.

Deutschsprachige Spitzenköche sind da nicht anders. Einige von ihnen haben sich zwar intensiver mit einzelnen asiatischen Landesküchen beschäftigt. Ich kenne mich zum Beispiel halbwegs gut in Japan aus und ein bisschen auch in China und Thailand. Aber so ziemlich alle von uns haben eher an der Oberfläche geschnorchelt, als dass sie auf den Grund getaucht sind. Selbst wenn wir über tiefergehende Erfahrungswerte verfügen: Es bleiben riesige Lücken.

Kitchen Impossible ist dafür der beste Beweis. Seit Staffel 1 sind Challenges in Asien fester Bestandteil. In klassischerweise mit asiatischem Essen assoziierten Ländern wie Japan oder China genauso wie in Usbekistan, Aserbaidschan oder Dubai. Reisen, die meistens mit großer Gelassenheit beginnen und sich dramatisch zuspitzen. Extrem lehrreich!

REISEN, DIE MEISTENS MIT GROSSER GELASSENHEIT BEGINNEN UND SICH DRAMATISCH ZUSPITZEN.

10 X ASIEN

Von Staffel eins bis sechs waren wir in zehn Ländern Asiens unterwegs.

14 MAL

treten wir zu einer Challenge an.

8

Köchinnen und Köche treten in Asien in den ersten sechs Staffeln an. Meta Hiltebrand, Tim Raue, Daniel Hartwig, Steffen Henssler, Hans Neuner, Roland Trettl, Max Strohe und ich. Hans Neuner hat es in Tel Aviv so gut gefallen, dass er sich noch vor Ort ein Tattoo hat stechen lassen.

12

kulinarische Orden trägt eines der Jury-Mitglieder in Aserbaidschan an einer blau glänzenden Scherpe mit sich herum. Und bei den anderen sieht's nicht groß anders aus! Max Strohes Shah Plov, eingebackener Reis mit Fleisch, wird so hochoffiziell zerlegt, wie kein anderes Gericht bei Kitchen Impossible.

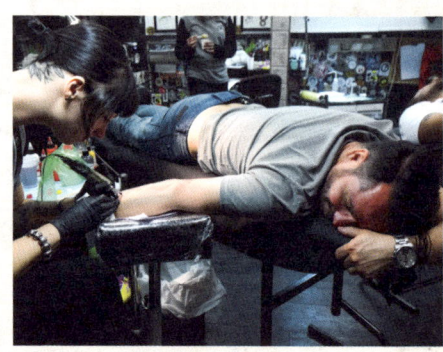

FÜNFKOMMAFÜNF

Der Punkteschnitt aller Jury-Bewertungen in Asien.

2

Kilogramm Glutamat kaufe ich in Hanoi für die Bún Cha. Gehört da wirklich rein! Wie viel ich davon verwende, verrate ich trotzdem nicht.

620000

So'm! So viel Geld übermittelt mir Max Strohe in Taschkent in usbekischer Währung (umgerechnet 50 Euro). Yeah, eine Plastiktüte voller Geld, um sie auf dem grandiosen Markt auf den Kopp zu hauen!

NR.1

Jurybewertung: »Es sieht perfekt aus, exakt, wie das Originalgericht aussehen sollte.« Ein Jury-Mitglied in Hongkonger Restaurant »Tim's Kitchen« über meine Fischgurke mit Seeblase in Austernsoße. Geschmacklich fällt das Urteil leider nicht ganz euphorisch aus (6,6 Punkte).

30

Jahre lang hat Vikor Belyaev als Koch im Kreml gearbeitet, bei dem Tim Raue und Roland Trettl bei der Weihnachts-Challenge 2019 in Moskau Salat Olivier, Minister Schnitzel, Klosterfisch und die Honigtorte Medovik nachkochen dürfen.

Was für eine geile Reise! Meine Challenge in Bangkok ist der beste Beweis, dass es bei Kitchen Impossible um so viel mehr geht, als ein paar Zutaten perfekt zu kombinieren. Um Atmosphäre, Kultur, Interaktion. Um alles, was sich hinter einem Teller verbirgt. Wenngleich natürlich auch in der thailändischen Hauptstadt die Zeit mal wieder viel zu knapp ist. Sehr wohltuend, so ein kleiner Boots-Ausflug zu einem der abgelegenen Floating Markets! Was man von der Aufgabe, die mir Martin Klein hier stellt, definitiv nicht sagen kann. Er lässt mich das großartige Curry der Sterne-Köchin Bee Satongun nachkochen. Inklusive der verdammten Paste. Basic-Küche auf höchstem Niveau. Mit Schärfe richtig umzugehen liegt uns Nordeuropäern einfach nicht!

»Ich breche ab!« Das denke ich beinahe in jeder zweiten Challenge. So wie jede meiner Gegnerinnen und jeder meiner Gegner auch – hoffe ich. In Taschkent mache ich es wirklich. Das einzige und letzte Mal – hoffe ich. Der Teller bleibt leer, null Punkte.

Dabei fängt alles so nett an: Ich bummle über den unglaublichen Chorsu-Basar, der sich unter einer türkisfarbenen Kuppel befindet, und lerne wahnsinnig tolle Menschen kennen. Auch die mit Hack, Kürbis oder Spinat gefüllten Somsas, mit denen Max Strohe mich herausfordert, sind im Grunde machbar. Das Problem ist nur der unfassbar heiße Tandur-Ofen, in dem der bocksympathische Mavlonjon sie zubereitet. Erstens verbrenne ich mir die Hände, wenn ich die Teigtaschen hineingebe. Zweitens bleiben sie nicht an der Innenwand haften und fallen ins Feuer. Kechirasiz, liebe Jury!

Tiefenentspannt durch eine Meditation, bräsig durchs spontane Ziehen an einer Tabak-Bong – so starte ich meine Aufgabe in Hanoi. Trotzdem bin ich auf 180, als ich in der Küche von Nguyen stehe, die eher einer Schmiedewerkstatt gleicht: kein Herd, nur offenes Feuer! Dein Ernst, Duc Ngo? Immerhin ist er als mein Gegner so nett, mich nicht direkt zu seiner Verwandtschaft, sondern nur ins Restaurant gegenüber von seiner Tante zu schicken.

Zubereiten soll ich Frühlingsrollen und Bún Cha, ein traditionelles Gericht aus gegrilltem Schweinefleisch mit Soße und Reisnudeln. Diese Aufgabe macht mich in der Regenzeit schon rein körperlich fertig. Geschmacklich erst recht.

ARABISCHE EMIRATE

Dubai ist für mich ein kulinarisches Disneyland. Es gibt fast alles, aber es ist nicht real. Es gibt Menschen, die es als Reisen empfinden, wenn sie nach Dubai fliegen. Für mich ist es nur Konsum. Ich erlebe nichts, was ich nicht kenne. Nur die Außentemperatur ist deutlich höher.

Diese Einstellung ist dem feinen Herrn Bodendorf bekannt, als er mich 2016 im Ayamna herausfordert. Eines der Restaurants im maßlos gigantischen Fünf-Sterne-Hotel Atlantis auf der künstlich aufgeschütteten Insel Palm Jumeirah. Selten habe ich mich so fehl am Platz gefühlt. Das halbe libanesische Mezze-Buffet, das ich nachkoche, ist handwerklich perfekt, aber in dieser Kulisse bleibt es für mich seelenlos. Das bringt mich ins Grübeln: Wo in Dubai wird authentisch gegessen? Abseits der Touristen-Scheinwelt?

Der Grund für Challenge Nr. 2 in Dubai. Ich schicke den geschätzten Kollegen Jan Hartwig ins Ravi, in dem der Pakistaner Imitaz Ahmed am Herd steht und grandioses Ginger Chicken zubereitet. In der Regel für Menschen, die hier arbeiten, anstatt sich zu sonnen oder zu shoppen. Außer Tim Raue, dessen Lieblingsgericht dieses Ginger Chicken ist, kommt vorbei.

GINGER CHICKEN

ZUTATEN
(für 4 Personen)

150 g Schalotten
4 Knoblauchzehen
100 g Ingwer
400 g Tomaten
1 rote Peperoni
1 grüne Peperoni
500 g Hähnchenbrustfilet
6 EL Öl
100 g Butter
150 ml passierte Tomaten
   aus der Dose
150 g Joghurt (3,5 % Fett)
½–1 TL Chilipulver
2 TL Kurkuma
1 TL Pfeffer
2 TL Garam Masala
1 EL Bockshornkleeblätter
   (Kasuri Meti)
Salz
1 Bund Koriandergrün

TIPP: Lecker mit
Basmatireis.

1 300 ml Wasser in einem kleinen Topf zum Kochen bringen. Die Schalotten in Streifen schneiden und 10 Minuten weich garen. Mit dem Schneidstab fein pürieren und bei niedriger Hitze unter Rühren dicklich einkochen lassen.

2 Inzwischen den Knoblauch fein hacken. Ingwer schälen und erst in Scheiben, dann in feine Streifen schneiden. Tomaten vierteln, entkernen und in Streifen schneiden. Peperoni entkernen und in Streifen schneiden. Hähnchenbrustfilets in Scheiben schneiden.

3 Fleisch in einer großen Pfanne im heißen Öl farblos anbraten. Butter, Knoblauch und Ingwer zugeben und kurz dünsten. Passierte Tomaten und die Schalottenpaste zugeben und aufkochen. Joghurt und Gewürze unterrühren. Tomaten und Peperoni zugeben, alles aufkochen und bei mittlerer Hitze 5 Minuten köcheln lassen. Mit Salz abschmecken.

4 Korianderblättchen grob hacken. Ginger Chicken anrichten und mit Koriandergrün bestreut servieren.

Zubereitungszeit: 40 Minuten

BABA GANOUSH

2 Auberginen (500 g) | 1 mittelgroße Tomate (ca. 75 g) | ¼ grüne Paprikaschote (ca. 60 g) | 4 Stiele glatte Petersilie
1 Knoblauchzehe | 1 weiße Zwiebel | 3 EL Tahin (Sesammus aus dem Glas) | 4 EL Zitronensaft | Salz | Cayennepfeffer
40 g frische Granatapfelkerne | 3 EL Olivenöl | Fladenbrot zum Servieren

1 Den Backofen auf 220 °C (Umluft 200 °C) vorheizen. **2** Die Auberginen waschen und mit einem spitzen Messer ein paarmal einstechen. Auf ein Blech legen und auf der 2. Schiene von oben so lange backen, bis sie ganz weich sind und die Haut fast schwarz ist – das dauert ungefähr 30 Minuten. Auberginen dabei ab und zu wenden. Aus dem Ofen nehmen und etwas abkühlen lassen. **3** Tomate vierteln, entkernen und fein würfeln. Paprika putzen und fein würfeln. Petersilie abzupfen und hacken. Knoblauch durchpressen, Zwiebel fein würfeln. **4** Die gegarten Auberginen schälen, die Kerne entfernen und das Fleisch sehr fein hacken oder mit einer Gabel zerdrücken. Tahin, Knoblauch, 2 EL Zitronensaft, etwas Salz und Cayennepfeffer unterrühren. Tomaten, Paprika, Zwiebeln und Granatapfelkerne, bis auf je einen kleinen Rest, gut untermischen. **5** 2 EL Zitronensaft, etwas Salz und Olivenöl gut verrühren. Auberginenpüree nach Belieben auf Fladenbrot anrichten, das Dressing darüber verteilen und mit restlichen Tomaten, Paprika, Zwiebeln und Granatapfelkernen bestreut servieren. **Zubereitungszeit:** 1 Stunde

MOHAMARAH

500 g rote Spitzpaprika | 1 Zwiebel | 100 ml Olivenöl | 50 g Walnusskerne | 25 g geröstete, gesalzene Pistazienkerne
ohne Schale | 25 g Tomatenmark | 1 TL Harissa-Paste | 50 g Semmelbrösel | 1 TL gemahlener Kreuzkümmel
½ TL edelsüßes Paprikapulver | 1 TL Tahin (Sesammus aus dem Glas) | Salz | Pfeffer | Pitabrot zum Servieren

1 Den Backofengrill vorheizen. **2** Paprika halbieren und entkernen, mit der Hautseite nach oben auf ein Blech legen und unter dem heißen Backofengrill auf der 2. Schiene von oben etwa 10 bis 12 Minuten rösten, bis die Haut schwarz wird und Blasen wirft. Paprika in eine Schüssel geben, abdecken und 10 Minuten abkühlen lassen – das löst die Haut. Die Haut der Paprika abziehen und Paprikahälften auf Küchenpapier 10 Minuten abtropfen lassen. **3** Währenddessen die Zwiebel fein würfeln und in 2 EL Olivenöl anbraten. Beiseitestellen. **4** Walnusskerne in einer Pfanne ohne Fett anrösten und auf einem Teller abkühlen lassen. Walnüsse und Pistazien, bis auf einen Rest zum Garnieren, in einem Mixer fein zerkleinern, dann umfüllen. **5** Paprika, Tomatenmark, Harissa und Zwiebel ebenfalls im Mixer pürieren. **6** Semmelbrösel mit 50 ml Olivenöl in einer Schüssel mischen, Nussmischung, Paprikamischung, Gewürze und Tahin untermischen. Mit Salz und Pfeffer würzen. **7** In einer Schale anrichten, mit restlichen Walnusskernen und Pistazien garnieren und mit Olivenöl beträufeln. Warm oder kalt zu geröstetem Pitabrot servieren. **Zubereitungszeit:** 45 Minuten

GEFÜLLTE WEINBLÄTTER

750 g Tomaten | 125 g Petersilie | 1 rote Zwiebel | 2 Frühlingszwiebeln | 40 g Minze | 300 g Langkornreis
1 TL Harissa-Paste | 1 EL Tomatenmark | ¼ TL gemahlener Zimt | ¼ TL Chiliflocken | 100 ml Olivenöl
100 ml Sonnenblumenöl | 150 ml Zitronensaft | Salz | Pfeffer | 30 Weinblätter in Salzlake | 3 Kartoffeln | 3 Möhren

1 Für die Füllung 500 g Tomaten vierteln, entkernen und fein würfeln. Petersilie fein hacken. Zwiebel und Frühlingszwiebeln fein würfeln. Die Minze hacken. **2** Tomatenwürfel, Zwiebel, Frühlingszwiebel, Minze, Reis, Harissa, Tomatenmark, Zimt, Chiliflocken, beide Öle, Zitronensaft und 100 ml Wasser mischen. Kräftig mit Salz und Pfeffer würzen. 10 Minuten durchziehen lassen. **3** Ein Weinblatt mit der glatten Seite nach unten auf eine Arbeitsfläche legen, den Stiel entfernen. 2 TL der Füllung in die Mitte des Blattes setzen. Beide Seiten einklappen, dann fest aufrollen, um die Füllung zu umschließen. **4** Den Vorgang mit den restlichen Blättern wiederholen – das ergibt etwa 30 Stück. Flüssigkeit der Füllung aufbewahren.
5 Kartoffeln und Möhren schälen und in Scheiben schneiden. Restliche Tomate in Scheiben schneiden.
6 Einen Topf (ca. 30 cm Ø) mit den Gemüsescheiben auslegen, mit Salz und Pfeffer würzen. Die gefüllten Weinblätter dicht an dicht daraufsetzen. Aufgefangenen Sud der Füllung angießen. Die gefüllten Blätter mit einem großen Teller beschweren, damit sich die Blätter nicht auflösen und ihre Form behalten. So viel Wasser um den Teller gießen, dass die Weinblätter gerade bedeckt sind. Aufkochen, dann bei milder Hitze 1¼ bis 1½ Stunden garen. **7** Im Sud abkühlen lassen und servieren.
Zubereitungszeit: 2 Stunden 15 Minuten + Abkühlzeit

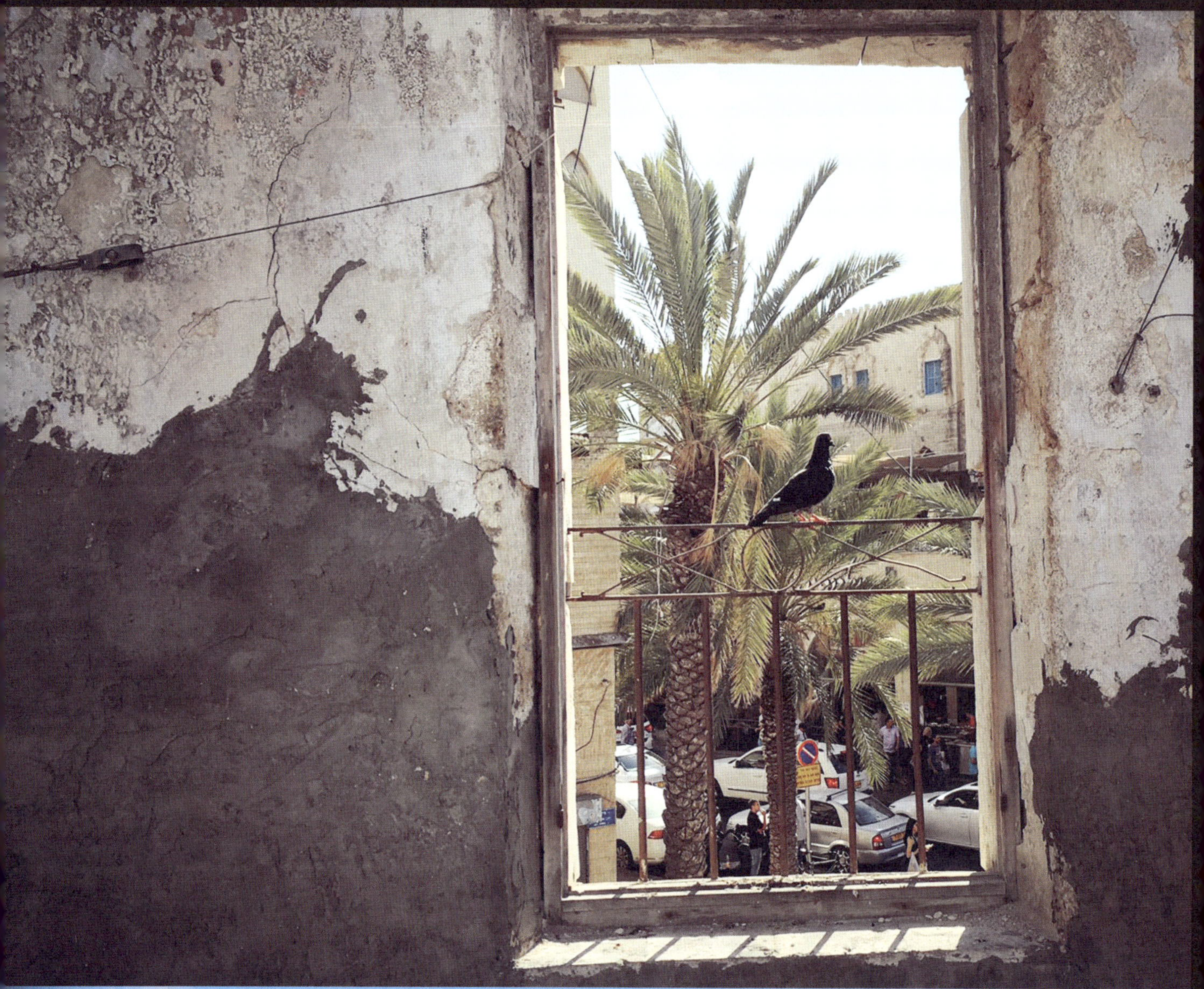

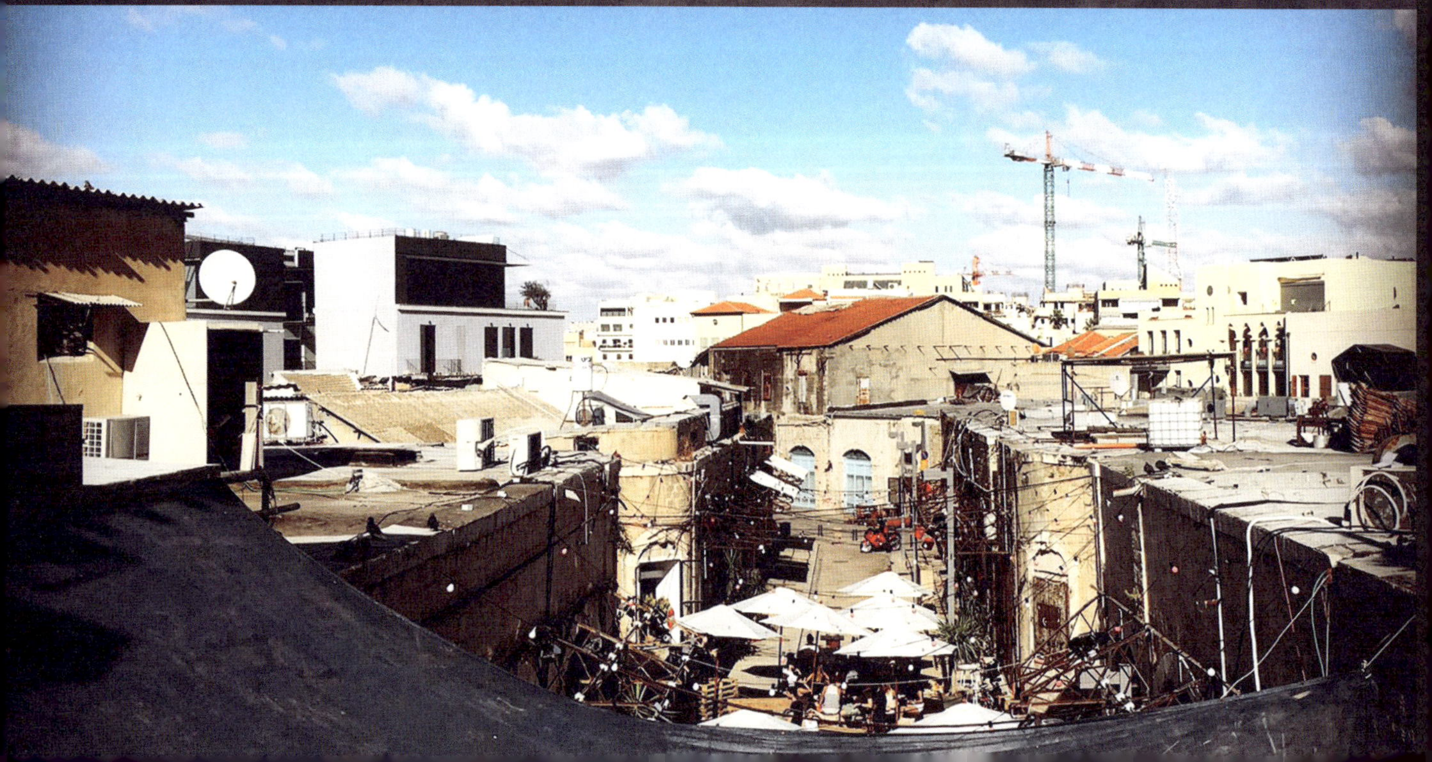

ISRAEL

Israel hat bei beiden Köchen, die bisher hier antreten durften, bleibenden Eindruck hinterlassen. Einer dieser Köche ist Hans Neuner, den ich 2016 nach Tel Aviv schicke, und der sich spontan als Erinnerung an diese sehr besondere Reise ein extrem makabres Tattoo auf den Unterarm stechen lässt. Es soll so landestypisch wie möglich sein, also bittet er die Tattoo-Künstlerin vorab um Rat: »Was geht dir als Erstes durch den Kopf, wenn du an Israel denkst?« Ihre Antwort: »Raketen.«

Der zweite Koch bin ich. Zwei Mal darf ich in Israel scheitern, 2017 in der Hafenstadt Akkon und zwei Jahre später in Jerusalem. Erst Adlerfisch in Zitronensoße, dann Kebab mit Hummus. Beides höllisch gut und Anlass für maßloses Gefluche in Richtung Mario Lohninger und Haya Molcho, denen ich die Herausforderungen zu verdanken habe. Israel ist für mich eines der spannendsten Länder, die ich in bisher sieben Jahren Kitchen Impossible bereist habe. Es ist wahnsinnig beeindruckend, in was für eine positive Energie die Menschen die vielen negativen Lebensumstände hier umwandeln. Israel ist unbegreiflich pulsierend. Das findet sich auch in der Kulinarik wieder. Speziell was in Tel Aviv kulinarisch passiert, ist irre. Die Stadt ist für mich moderner als New York und Berlin zusammen.

SHAKSHUKA

Ein Experte für Spiegelei mit Tomatensoße – großartig! Den Kollegen Hans Neuner in Tel Aviv ins Restaurant »Dr. Shakshuka« zu Bino Gabso zu schicken, bereitet mir große Freude. Ja, auch etwas so Simples ist eine Wissenschaft für sich! Es geht darum, die richtigen Grundzutaten mit den richtigen Gewürzen in der richtigen Reihenfolge zu vermengen und dann exakt richtig lange in der Pfanne zu garen. Eine Erfahrungssache. Seine zwei Michelin-Sterne nützen Hans herzlich wenig. Erst recht nicht, weil er in Binos Küche zusätzlich noch Brot backen und ein wirklich göttliches Hummus zubereiten darf. Ganz ehrlich: Für mich sieht sein Shakshuka so aus, als hätte er die Pfanne eine Woche im Spülbecken stehen lassen. Dass er am Ende von der Jury 7,5 Punkte bekommt, kann ich mir bis heute nicht erklären.

ZUTATEN
(für 4 Personen)

1 kg Tomaten
2 Zwiebeln
2 Knoblauchzehen
1 grüne Peperoni
1 rote Spitzpaprika
5 EL Olivenöl
1 TL Harissa (scharfe
   Gewürzmischung)
½–1 TL gemahlener Kreuz-
   kümmel
1 TL Paprikapulver edelsüß
Salz
brauner Zucker
6 Eier (M)
1 Frühlingszwiebel
3 Stiele glatte Petersilie
½ TL Schwarzkümmelsaat

1 Tomaten putzen und grob würfeln. Zwiebeln und Knoblauch fein würfeln. Peperoni in dünne Ringe schneiden. Paprika putzen, vierteln, entkernen und fein würfeln.

2 3 EL Öl in einer Pfanne erhitzen. Peperoni darin kurz andünsten, Zwiebeln und Knoblauch zugeben und glasig dünsten. Paprikawürfel und Harissa kurz mitrösten. Tomaten, Kreuzkümmel und Paprikapulver zugeben. Mit Salz und braunem Zucker abschmecken und offen bei mittlerer Hitze 20 Minuten zu einer dicklichen Sauce einkochen, dabei ab und zu umrühren.

3 6 Mulden in die Tomatensauce drücken. Eier einzeln in die Mulden aufschlagen. 1 Minute garen, dann die Eiweiße jeweils vorsichtig in die Sauce rühren – dabei aufpassen, dass das Eigelb nicht verletzt wird. Weitere 6 bis 7 Minuten bei mittlerer Hitze stocken lassen.

4 Inzwischen Frühlingszwiebeln in feine Ringe schneiden. Petersilienblätter abzupfen und fein schneiden.

5 Shakshuka mit Frühlingszwiebeln, Petersilie und Schwarzkümmelsaat bestreuen. Mit dem restlichen Olivenöl beträufelt servieren.

Zubereitungszeit: 40 Minuten

Tipp: Dazu passt Baguette oder Fladenbrot.

HUMMUS

ZUTATEN
(für 4 Personen)

175 g Kichererbsen
1 TL Backpulver
4 Stiele glatte Petersilie
1–2 Knoblauchzehen
Salz
1 Zitrone
75 g Tahin (Sesampaste aus
  dem Glas)
¼–½ TL gemahlener Kreuz-
  kümmel
4 EL Olivenöl
50 g schwarze Oliven,
  Zitronenspalten und
  Chiliflocken zum
  Servieren

1 Kichererbsen über Nacht in kaltem Wasser einweichen. Kichererbsen abgießen, in einem Topf mit kaltem Wasser bedecken.

2 Backpulver zugeben, aufkochen und halb zugedeckt 45 bis 50 Minuten köcheln lassen.

3 Kichererbsen anschließend in ein Sieb geben, dabei 150 ml Kochsud auffangen. Mit kaltem Wasser abspülen und mit einem Pürierstab mit 100 ml vom Kochsud fein pürieren.

4 2 Stiele Petersilie abzupfen und samt Knoblauch mit etwas Salz in einem Mörser zerkleinern. Unter das Püree mischen.

5 Zitrone ausdrücken. Zusammen mit Tahin, Kreuzkümmel und 2 EL Olivenöl unterrühren. Nach Bedarf noch etwas Kochwasser unterrühren und würzig abschmecken. Den fertigen Hummus zugedeckt für 30 Minuten kaltstellen.

6 Restliche Petersilienblätter abzupfen. Paste in Schälchen anrichten, mit einem Löffel kleine Vertiefungen hineindrücken und in diese ein wenig Olivenöl träufeln.

7 Hummus mit Oliven, Zitronenspalten, Petersilienblättchen und Chiliflocken garniert servieren.

Zubereitungszeit: 1 Stunde 30 Minuten + Einweich- und Kühlzeit

Tipp: Dazu passt geröstetes Fladenbrot.

1 X JAMAIKA

1 X SAN FRANCISCO

1 X KOLUMBIEN

1 X MEXIKO

1 X PERU

AMERIKA

Nord-, Mittel- und Südamerika in einem Kapitel zusammenzufassen ist zugegebenermaßen saublöd. Etwa so, als suchte man nach Parallelen zwischen der thailändischen, italienischen und schwäbischen Küche. Aber was soll's, dieses Buch hat halt nicht unendlich viele Seiten, und an mancher Stelle müssen wir Kompromisse machen.

Fangen wir mit den USA an. Ganz sicher das Land, das mir in diesem Kapitel am ehesten vertraut ist. Was man daran sehen kann, dass ich schon fünf Gegner hierhin geschickt habe, während ich selbst nur einmal an der Westküste angetreten bin, 2019 in San Francisco.

Am besten kenne ich mich in New York aus. Ich liebe diese Stadt! Sie ist kulinarisch so unfassbar vielfältig! Das perfekt inszenierte Essen im Eleven Madison Park, dem in meinen Augen besten Restaurant der Welt. Der rammelige mexikanische Imbiss, der dich komplett umhaut. Das faszinierende Chinatown. Die vielen Pop-up-Läden. Es gibt einfach alles. The world in a nutshell!

Anders als mit den USA verhält es sich bei mir mit so ziemlich allen Ländern in Mittel- und Südamerika. Sie sind für mich kulinarisch schwer nachzuvollziehen. Glaube ich jedenfalls. Sicher weiß ich es bisher nur von Mexiko und Peru, wohin ich bei Kitchen Impossible gereist bin. Extrem spannende Erfahrungen! Mehr dazu auf den nächsten Seiten. Außerdem Eindrücke von der legendären Grill-Herausforderung, der sich mein lieber Gegner Mario Lohninger auf Jamaika gestellt hat.

THE WORLD IN A NUTSHELL!

6 MAL AMERIKA

Sechs Länder bereisen wir.

11
Challenges stellen wir uns.

8
Köche treten bei Kitchen Impossible in den ersten sechs Staffeln in Amerika an: Christian Lohse, Roland Trettl, Duc Ngo, Johannes King, Max Stiegl, Mario Lohninger, Lukas Mraz und ich.

SECHS KOMMA VIER

Unser Punkteschnitt – kontinental gesehen der beste!

ZEHNMALZEHN

Punkte erwartet Johannes King, als er erfährt, dass er in San Francisco Cioppino zubereiten darf. Ein Fischeintopf? Für den Sylter Fischkönig ja wohl ein Selbstgänger! Naja, nicht ganz. Aber immerhin ein Schnitt von 6,8. Von Großmaul zu Großmaul: Respekt!

NR.1

»Wenn mir der Teller serviert worden wäre und ich hätte nicht gewusst, wer ihn gekocht hat, hätte ich gedacht, dass es eine der göttlichen Köchinnen aus dem El Barco gewesen ist.«
Ein Jury-Mitglied über die pazifische Fischplatte, die Lukas Mraz im genannten Restaurant in Medellin, Kolumbien, nachgekocht hat.

NEUN

Tequila trinke ich in Mexiko City über den Tag verteilt. Behauptet man zumindest. Ich sag dazu nur: Mucho trabajo, mucho Tequila! (mehr auf Seite 164)

10892

Kilometer Luftlinie liegen zwischen dem Al Toke Pez in Lima und meiner Bullerei in Hamburg – die weiteste Strecke bei Kitchen Impossible.

5 Fortbewegungsmittel in Amerika: Motorboot, Motorschlitten, Flugzeug, Auto, Hubschrauber.

0 Einkaufsmöglichkeiten stehen Roland Trettl und Christian Lohse 2017 beim Weihnachtskochen in der Einöde Alaskas zur Verfügung. Erste Lösungsansätze: Moos von Bäumen kratzen, Gletschereis hacken, Eisangeln (erfolglos). Zum Glück entdecken sie irgendwann doch noch die prall gefüllte Vorratskammer der Winterlake Lodge, in die Tim Raue und ich sie netterweise haben reisen lassen.

Alexander Herrmann hat kaum etwas ausgelassen, um mir Mexico City madig zu machen, gelungen ist es ihm nicht. Erst zwängt er mir schon zum Frühstück Tequila auf, dann schickt er mich zum Kochen in eine bumsvolle Markthalle. 40 mal 40 Zentimeter – so groß ist meine Arbeitsfläche in der Küche von Beatriz und ihren unzähligen Kolleginnen, die permanent um mich herumwieseln, während ich versuche, Enchiladas con mole und weitere mexikanische Spezialitäten zuzubereiten. Und nebenan spielt die ganze Zeit eine Kapelle. Extrem anstrengend! Aber genauso mag ich es.

Die Challenge trägt dazu bei, dass mir Mexiko City in sehr positiver Erinnerung bleibt. Weil ich mit der Stadt spezielle Gefühle verbinde. Ich erkenne eine Identität. Etwas, das in vielen Städten dieser Welt als Tourist kaum noch möglich ist, weil sie sich so sehr angeglichen haben. Überall die gleichen Shoppingmalls, die gleichen skandinavisch-hippen Coffeeshops, die gleichen Fastfood-Ketten.

Offenes Feuer bedeutet Unheil. Diese Regel gilt bei Kitchen Impossible normalerweise. Siehe Taschkent, Marrakesch und Hanoi.

Die Ausnahme ist Jamaika. Mein Kalkül, Mario Lohninger am gigantisch-puristischen Beton-Grill von Rowland Allen zur Verzweiflung zu bringen, geht ehrlicherweise nicht so ganz auf. Er zerlegt in Ocho Rios ein gerade erst ausgeblutetes halbes Schwein, mariniert das Fleisch würzig-scharf, grillt es auf Süßholz-Stöcken und wirkt dabei beneidenswert entspannt. »You did a good job«, meint nicht nur Originalkoch Rowland, den alle »Shorty« nennen. 8,6 Punkte bekommt er von der Jury im Schnitt. Nochmal: für eine Grill-Challenge! Geiler Typ.

PERU

J a, ich trete bei Kitchen Impossible gegen die Sterne-Gastronomie an. Die meisten meiner Gegnerinnen und Gegner kochen in einem absurden Wertungssystem, und es macht viel Spaß, mit ihnen zu erleben, worauf es beim Essen wirklich ankommt. Das heißt aber nicht, dass ich die gehobene Gastronomie nicht achte. Sie hat absolut ihre Daseinsberechtigung. Eine Nische, die Wundervolles bewirken kann. Peru ist dafür das beste Beispiel.

Lima ist im Fine Dining weltweit eine Top-Adresse. Im vielzitierten Ranking »The World's 50 Best Restaurants« tauchen ganz weit oben zwei Restaurants aus der peruanischen Hauptstadt auf. Das »Central«

auf Platz 4 und das »Maido« auf Platz 7. Sie ziehen Menschen aus aller Welt an, die dort essen wollen. Aber nicht nur das: Sie sorgen dafür, dass man sich mit dem kulinarischen Fundament Perus beschäftigt. Sogar in Saarbrücken!

Ohne das »Central« und das »Maido« wäre Drei-Sterne-Koch Klaus Erfort garantiert nie auf die Idee gekommen, mich nach Lima zu schicken, um schnelles und vermeintlich einfaches Essen zuzubereiten. Ich wäre wohl nie in die Situation gekommen, im »Al Toke Pez« an Meeresfrüchte-Reis, frittierten Riesenkalmar-Tentakeln und Ceviche zu scheitern. Und das wäre zu schade gewesen, besonders ums extrem geile Ceviche.

CEVICHE

Tomás Matsufuji, der Originalkoch dieses Gerichts, sagt: »Wir spielen schlechten Fußball, wir haben schlechte Politiker, aber unser Ceviche ist lecker, und da können wir stolz drauf sein!« Die ersten beiden Punkte will ich nicht beurteilen. Beim dritten stimme ich ihm definitiv zu.

ZUTATEN
(für 4 Personen)

350 g Meeräschenfilet ohne Haut (ersatzweise Wolfsbarsch)

50 g Ingwer

6 frische Knoblauchzehen

½–1 rote Chilischote

2 Stangen Staudensellerie

1 Zwiebel

6 Limetten

1 ½ TL Salz

½ TL weißer Pfeffer

200 ml Fischfond

200 g Kalamar (ersatzweise Baby-Calamaretti)

200 g Garnelen (geschält, ohne Kopf)

½ Bund Koriander

1 rote Zwiebel

1 Jalapeño-Chili

1 kleine Dose Mais

1 Für die Leche de Tigre (den Sud) 150 g Meeräschenfilet fein hacken. Ingwer, Knoblauch, Chili, Staudensellerie und Zwiebel fein würfeln. Limettensaft auspressen. Alles mischen und mit Salz und Pfeffer würzen. Mindestens 2 Stunden kaltstellen und gut durchziehen lassen.

2 Fischfond zur Mischung geben, durchrühren und alles durch ein feines Sieb geben. Die Flüssigkeit auffangen und kaltstellen.

3 Kalamar häuten und in feine Ringe schneiden.

4 Einen Topf mit Wasser gefüllt aufkochen. Garnelen zugeben und 2 Minuten garen. Kalamar zugeben, 5 Sekunden blanchieren. Alles abgießen und in einer Schüssel mit kaltem Wasser abkühlen lassen. Erneut abgießen und gut abtropfen lassen.

5 Restliches Fischfilet in Scheiben schneiden. Koriander grob hacken. Rote Zwiebel in dünne Streifen schneiden. Jalapeño in dünne Scheiben schneiden. Mais in einem Sieb abgießen, kalt abspülen und abtropfen lassen. Die Zutaten mit Leche de Tigre mischen, anrichten und sofort servieren.

Zubereitungszeit: 45 Minuten + Ziehzeit

»SCHICKT
DIE JURY
NACH HAUSE.
NULL PUNKTE.
FERTIG.«
KITCHEN
IMPOSSIBLE

REGISTER

RESTAURANTS

ATHEN
Baklava
Palet
https://palet.gr/

AURACH
Wiener Schnitzel & Kaiserschmarrn
Gebrüder Winkler
www.gebruederwinkler.com

AYAMNA
Mezze, Baba Ganoush
Ayamna
www.atlantisthepalm.com/restaurants

BERLIN
Adobo
Pinoy
www.pinoyberlin.de

Königsbeger Klopse
Sra Bua by Tim Raue
www.kempinski.com/de/berlin/hotel-adlon/dining/restaurants/sra-bua-by-tim-raue/

BOLOGNA
Tagliatelle al Ragù
Antica Osteria del Mirasole
www.osteriadelmirasole.it

BOZEN
Knödeltris
Patscheider Hof
www.patscheider-hof.com/restaurant

CAIMARI
Coca mit Oktopus
Ca Na Toneta
www.canatoneta.com

CESSOLE
Agnolotti
Madonna della neve
www./ristorantemadonnadellaneve.it

Zitronenhuhn
Madonna della neve
www.ristorantemadonnadellaneve.it

DUBAI
Ginger chicken
Ravi
www.facebook.com/ravirestaurant-suae

FERRAGUDO
Arroz de Marisco (Top 5)
Rei das Praias
www.restaurantereidaspraias.com

GLÜCKSTADT
Hamburger Aalsuppe
Der kleine Heinrich
www.heinersreuther-hof.de

GOLDEGG
Kastaniensuppe
»Seehof«
www.derseehof.at

LIMA
Ceviche
Al Toke Pez
www.facebook.com/pages/category/Seafood-Restaurant/Al-TOKE-PEZ-275646575839617/

MADRID
Tortilla Paisana
Casa Dani
www.casadani.es

NANCY
Crêpes Suzette
Brasserie Excelsior
www.brasserie-excelsior-nancy.fr

NEAPEL
Pizza
Pizza a metro da Gigino
www.pizzametro.it

NIEDERMORSCHWIHR
Erdbeermarmelade
Maison Ferber
www.christineferber.com

NUITS-SAINT-GEORGES
Bœuf Bourguignon
La Cabotte
www.lacabotte.fr

PRAG
Apfelstrudel
IF Café (JETZT: IPPA Café)
https://ippacafe.cz/

SALZBURG
Grammelknödel
Gasthof Schloss Aigen
www.schloss-aigen.at

SCHEIDEGG
Krautkrapfen & Kässpätzle
Zum Hirschen
www.zumhirschenscheidegg.de

TEL AVIV
Shakshuka & Hummus
Dr. Shakshuka
www.facebook.com/shakshuka.rest.co.il/

TRAUTMANNSDORF
Steirische Jakobsmuscheln
Steira Wirt
www.geschwister-rauch.at

WERFEN
Salzburger Nockerl
Obauer
www.obauer.com

WHITBY
Fish and Chips
Quayside
www.quaysidewhitby.co

WIEN
Reisfleisch
Restaurant Mraz & Sohn
www.mrazundsohn.at

WINGEN SUR MODER
Kartoffelpüree
Villa René Lalique
www.villarenelalique.com

DANKE
AN DIE CREW VON KITCHEN IMPOSSIBLE

Sven Steffensmeier, Kekema Iyinboh, Giuseppina Goduto, Florian Schuchmann,
Teresa Orti von Havranek, Julia Zemke, Manuel Becker, Lina Friedrich, Kim Lars Theibach,
Livio Ponzetta, Philipp Lubienetzki, Corinna Knüver, Mika Koch, Mercedes Zorn,
Anne Kathe, Sigrun Schaeff, Stefan Werheid, Tim Hlavsa, Sylvia Gotthard,
Matthias Nicklas, Rafael Broll, Annika Jesse, Rowena Kübler, Silvana Doant, Laurin Butz,
Jan Hartmann, Tim Hengesbach, Kirsten Petersen, Thomas Wißmann, Britta Eschenbach,
Julia Michanickl, Andreas Raaf, Katy Wagner, Philip Morant, Swantje Cichowlas,
Mario Zozin, Caroline Russwurm, Hasko Baumann, Sascha Köllnreitner, Sascha Gröhl,
Laura Bull, Dustin Schöne, Jens Lackmann, Lukas Wunschik, Benjamin Donath, Jonas Dickmeis,
Jonas Knüdeler, Philip Vogts, Ulrich Hohensee, Jürgen Thelen, Jan Kreutz, Seydal Rotter,
Patrick Mohr, Bettina Clemens, Nikolai Sevke, Oliver Schwarz, Felix Holtrop, Lea Walter,
Tim von Hardenberg, Tim Jurczyk, Timothy Liedtke, Henri Koytek, Jonas Hörper, René Stumm,
Julian Joosten, Maximilian Schoepe, Antonia Modrow, Christopher Braune, Fiona Weskamp,
Solaiman Kabir, Johanna Brück, Philip Treutel, Oskar Harkämper, Max Lauer, Ruben Javerzat,
Silas Nadge, Vincent Trinczek, Cornelius Gerhard, Aaron Walten, Christian Butz, Nicolaas Mans,
Tim van Velsen, Oliver Krupke, Kai Brandt, Anne Wohlgemuth, Bettina Wendelgaß,
Thomas Knipf, Thomas Klinkenberg, Daniel Thaler, Laura Mateja, Daniel Coenen,
Denis Schnack, Fabian Gerlof, Alexander Norek, Sebastian Fischbeck, Henning Hüfner-Kruse,
Anke Bosse, Alexandra Wojis, Chris Müller, Caroline Hennen, Anjana Tillmann,
Timo Wischnewski, Marc Limbach, Michael Hübbeker, Jens Pauly, Sabine Seeger, Berit Hilger,
Alastair Adomakoh, Stefanie Storrank, Gabi Abegg-Karmalker, Oliver Urban, Thorsten Jung,
Kai Sturm, Bernd Reichart, Torsten Lohrmann, Jan Nöhre

MAMI
KANN STOLZ
SEIN.

»ALLE SIND  GEGEN MICH.«

Ludwig »Lucki« Maurer

Alexander Herrmann

Alexander Wulf

Ali Güngörmüş

Björn Swanson

Christian Bau

Christian Lohse

Christoph Kunz

Daniel Gottschlich

Franz Keller

Haya Molcho

Hans Neuner

Holger Bodendorf

Jan Hartwig

Johannes King

Juan Amador